教育を考える

石井　透
Ishii Toru

文芸社

序に代えて

現代日本社会の混乱と危機の要因は、結局教育の荒廃にあるのではないでしょうか。戦前から戦後にかけて、半世紀以上の長い間教育界に従事し、占領下の教育改革にも直接携わった私にはそう思えてなりません。

その萌芽はアメリカによる占領政策と教育改革の時代に生じ、その矛盾と亀裂が年を追って顕著になってきたのだと考えられます。

かつて、世界的数学者で、文化勲章を受け、鋭い文明批評家であった岡潔教授（故人）は、「教育の結果はよく顔つきに出るものだが、戦後、日本の教育を受けた青年の顔は、動物性が大きく入りこんだ感じである。まさに、超スピードで近代を逆行し、人間から動物に変わりつつあるという感じだ」と、日本の将来を憂えておられましたが、それが、杞憂ではなく現実のものとなったように思われます。

従って、現在の日本の教育を考えるに際して最も重要なことは、占領下の教育政策をつぶさに再検討し、過去の歴史から現代の教育の諸問題を逆照射する試みではないかと思うのです。

本書には、時間的には多少古い事例も登場しますが、現代教育史の水源を著者とともに尋ねていただけたら幸いです。

平成一四年　九月

著者

目次

第Ⅰ部　占領下の教育改革を振り返って

第一章　アメリカの教育政策を再検討する

一　鬼のマックマナス大尉は〝魔の一〇時〟にやって来る

かなり以前のことですが、昭和六一年三月、神奈川県立文化資料館主催の「占領下の教育改革展」を観る機会がありました。小規模ですが、四一点の貴重な資料が展示されていました。その中には、昭和二一年一月に、文部省の指示により、内容を削除訂正した「墨塗り教科書」や「教職適格判定書」また、粗悪なザラ紙の「謄写版刷り通牒」などがあり、私にはとりわけ感慨深いものがありました。

ところが、展示品を次々に眺めてゆくうちに、ロバート・P・マックマナス大尉の顔写真に直面するや、突如四十年前の悪夢が甦りました。

終戦直後の占領下、敗戦国の悲哀と屈辱に耐えながら、彼と対応した苦難の日々が改めて思い出され、私は複雑な思いで、しばしその場に立ち尽したのでした。

私は、当時神奈川県視学官の職にあり「教職員適格審査」に関係していたため、彼との接触が多く、自称〝アイルランド系〟の彼の獣じみた陰険な顔つきは、忘れようと思っても容易に忘れられるものではありません。

彼、ロバート・P・マックマナス大尉は、昭和二一年から二四年一一月に関東軍団に転勤するまで、神奈川軍政部教育官（二一年一一月から教育課長）として在職しました。連合軍が日本占領開始後、軍政部の組織が整備されるのは二十二年頃で、やがて縮小されて指導助言的色彩が強くなるのは二四年頃からですから、彼の在勤期間は、いわば占領軍の最盛期でした。

彼は、占領軍の絶対的権力下にあって、日本の教育改革に強い意欲を示し、六三制による新制中学校の設置を実現するために、関係者に強力な圧力を加えました。また、教育委員会制度を実施するために、各地区に住民を集めて説明し、趣旨徹底をはかるとともに、委員立候補者に干渉し、さらには民主教育について、学校管理職や教師らに対し自ら指導に当たるなど積極的に行動しました。そして、学校を視察し、投書をとりあげ、有無をいわさぬ強圧的態度で改善を指示し、性急に諸改革の実施を迫り、それに従わぬ責任者の罷免を要求するなど、いわゆる「マックマナス旋風」を県下に巻き起こしたのです。

実に、彼こそは占領軍の権化として、県下の教育界を震撼させ、関係者を恐怖に陥れ、戦々恐々たらしめた鬼の如き存在でありました。

彼の在任中は、小中等（旧制）学校の校長は、出勤してから〝魔の十時〟が無事に過ぎるまでは、毎日生きた心地がしなかったものです。それというのも、ジープが土煙りをけたてて校庭に乗りこみ、田中通訳（日系二世軍人）を伴った軍服姿のマックマナスが学校に降りたつのが、いつも大体十時頃だったからです。

あれから既に、四〇年を経過し、当時、学校に在職していた教職員は、すべて定年退職を迎え学校を去りました。

もはや、マックマナスは遠い過去の人間となり、彼の名を知る人は少なく、彼とやりあった行政官も多くは他界し、残っているのは、指折り数える数名にすぎません。そして、やがて、彼の名も、また占領下の教育改革に携わった行政者たちの困惑と苦悩に満ちた実態も、歳月とともに風化してしまうのでしょうか。

二　アメリカ式教育は成功だったか？

マックマナスの行動はさておき、連合軍の教育改革の柱は、日本の教育をアメリカ的な民主主義教育に改革することでしたから、地方軍政部教育官が、日本側に対して、友好的あるいは強圧的の差はあっても、基本的には、その方針に沿って行われたことに変わりはありません。

そして、連合軍の占領政策は、日本の弱体化にありましたから、当然、教育改革も、戦勝国の立場に立ってなされたことも間違いありません。

終戦直後の二〇年九月二二日にアメリカが公表した政策文書（ＳＷＮＣＣ）には、『降伏後における米国の初期の対日方針』が含まれていました。

この中には、「日本国が、再び米国の脅威となり、または、世界の平和及び安全の脅威とならざることを確実にすること」と明記されていますが、平和国家の理想を宣明したとされる憲法第九条も、実は、日本を〈脅威〉たらしめないための歯止め条項だったのです。

今を去る昭和六一年に、かつての藤尾文相（教科書発言問題で罷免）が、『テレビ朝日』の番組で、「戦後の教育は、日本を滅ぼす教育だった。占領政策下の教育には、日本を再び立てないようにしなければならない目的があった。日本の民族性を否定し、伝統を軽視する教育だった」と発言し非難を浴びました。またそれ以前の昭和五八年には、瀬戸山文相も、「教育荒廃の一番深い根は、占領政策の影響である。あらゆる過去の道徳、習慣、歴史、伝統などを破壊するのが、占領政策の指令であり、米国好みの国民に作りあげようというものだった。それは、非常によいところもあるが、国民には、歴史、風土、国民性があり、必ずしも、幸せな社会になるとは限らない」（『毎日新聞』五八年二月二二日）と、言明しています。

たしかに、戦後は、何事につけても、アメリカ的考え方や風習が賛美され、日本の伝統、風習は、封建的として否定され、教育もすべて、アメリカ式に変革されました。

もちろん、アメリカの教育には、瀬戸山文相も言うように、勝れたところがありますし、また、当時の彼ら教育官のすべてが、勝者の支配意識を持って対応したわけではなく、中には、アメリカによる教育改革が、真に日本の将来のためだ、と善意で考えていた者も少なくなかったのは、事実です。

ただ、日本独自の伝統文化があるにもかかわらず、アメリカの価値を絶対と信じ、歴史や国情、国民性などの相違を無視して、強引に、しかも性急におしつけようとしたところに大きな誤算と混乱がありました。

その功罪はともあれ、その結果、今日の日本の教育は改革され一大変化をとげました。六・三・三・四の学制や、教育委員会制度は、アメリカの強力な推進がなければ、到底実現できなかったことは明白ですし、アメリカが理想と掲げた民主主義教育も、ようやく日本に根づいたようにみえます。

三　色あせる〝アメリカの栄光〟

しかし、近来教育の荒廃が叫ばれ、家庭の崩壊、青少年の犯罪、暴力、いじめなどの諸問題が増加し、私たちはその対応を迫られています。

本家のアメリカも同様で、民主主義をアンタッチャブルで絶対的なものと信じてきた〝世界のアメリカ〟の輝かしい栄光も、近頃では次第に影がうすれ、急激に色あせてきているようです。

民主主義は、かつて、イギリスのチャーチルがいったように、価値ではなく一つの方法にすぎません。

既にプラトンやアリストテレスは、民主国家ギリシヤの没落は、民主政治の欠陥ないし失敗によるものだと指摘し、民主主義の基礎概念である自由と平等を適切に行使しなければ、民主主義は死を迎えるであろうと警告しています。

そして、プラトンは、民主制を崩壊させる根源について次のように述べていますが、この状況は、奇しくも日本の現状と酷似していて不気味です。

「民主制国家が善と規定する自由へのあくなき欲求が、民主制を崩壊させる。自由を渇望した揚げ句は、個人的にも公共的にも賞讃され尊敬されるのは、支配される人々に似たような支配者たち、支配者に似たような被支配者たちだということになる。このような国家は、必然的に自由の風潮はすみずみまで行き渡って、その極限に至らざるを得ない。そして同じ風潮は、個人の家の中まで浸透し、たとえば、父親は、子供に似た人間となるように、また、息子たちを怖れるように習慣づけられ、他方、息子は父親に似た人間となり、両親の前に恥じる気持ちも恐れる気持ちも持たなくなる。このような状態の中では、先生は、生徒を恐れて、ご機嫌をとり、生徒は、先生を軽蔑し、一般に、若者たちは、年長者と対等に振舞って言葉においても行為においても、年長者と張り合い、他方、年長者たちは、若者たちに、自分を合わせて、面白くない人間だとか、権威主義者だとか思われないために、若者たちを真似て機智や冗談で一杯の人間となる。

こうしたことが集積された結果は、国民の魂は、すっかり軟らかく敏感になって、ほんのちょっとでも、抑圧が課せられると、もう腹を立てて我慢ができないようになる。

そして、最後には、法律をさえも、書かれた法であれ、書かれざる法であれ、かえりみないようになる。絶対にどのような主人をも自分の上に頂くまいとして」(『国家』第八巻藤沢令夫訳)。

戦後、教育のあり方が問われ、教育審議会でも教育改革が検討されています。そして、それに対して各方面から、いろいろな意見や批判が出されています。

だがそれらの言論が、現在の日本の教育制度が、占領下戦勝国の外圧によって成立したという歴史的事実の上に立つものでなければ、実体のない浅薄な議論であるとの誹《そし》りを免れないでしょう。

四　「社会科」をどう取り扱うべきか？

昭和六二年一二月二四日、文部省の「教育課程審議会」は、幼稚園、小中学校、高等学校の新しい教育内容のあり方について中島文相に答申しましたが、過去四回に比べ、五回目の改訂の大きな特色は、戦後教育の象徴といわれた「社会科」を小学校低学年と高校からなくするなど教科構成に手を加え、戦後教育のあり方の転換をはかったことでした。

昭和五七年にスタートした「高校社会科」は、現代社会だけが必修科目で、残りの日本史、世界史、倫理、地理、政治・経済の五科目は選択科目となっていました。これを「社会科」という枠を外し「地歴」（世界史、日本史、地理）と「公民」（現代社会、倫理、政治・経済）の二つの教科に再編し、世界史を必修とするもので、この改訂は平成六年度から実施されました。

周知のように「社会科」は、戦後、占領軍の指令によって、それまでの修身、日本歴史、地理が、「国家主義教育」であるとして停止され、それに代わるものとして「民主的社会人を養成する」目的で発足した教科です。

従って「社会科」は、アメリカの占領政策に基づくもので、内容も、学問的理論的なものでなく、アメリカ的経験主義のプラグマティズムの立場に立っていましたから、日本の国情に適合しない点もあって、最初から問題の教科とされていました。

吉田茂元首相も、「社会科」では万国に冠たる日本の国体を教えられぬと嘆き、昭和二七年政府与党連絡会で「健全な国民道徳育成のため修身、歴史、地理の教科目を復活したい」と発言しています。

このような考えは、日本の為政者や指導者層に根強く、昭和三三年の教育課程の審議でも、『社会科』の指導方法、指導計画を変える、アメリカ式指導の『経験学習』の行きすぎを改める、地理、歴史教育や道徳教育を強化する」などの点が指摘されています。

その後も、教育課程改善の度に問題になり、中教審や臨教審にも引き継がれてきましたが、これまで社会科廃止が実現できなかったのは関係者の反対ばかりでなく、廃止によって、戦前教育の復活になるのではないか、という不安と警戒心が、まだ一般の間にあることを慮ったからです。

歴史学者である林健太郎元東大学長（参議院議員）は、かねてから「占領下の教育改革によって日本歴史及び地理を停止し社会科に含めたことは、是非改めねばならない」と主張し、参院等で運動を続けてこられましたが、第五次の改訂について、「歴史は学問だが社会科という学問はない。人文科学の要素が強い歴史を『社会科』の中におくと、社会科の面が強調されて、人文科学としての歴史が軽視され文化の理解が薄くなる」

また、「社会科の必修科目は、新聞の三面記事みたいな『現代社会』で、歴史は選択科目だから、最近の学生は歴史の知識がない」「戦争中の歴史教育が悪かったので、占領軍が禁止し、それに代わるものとして社会科をつくった。だから、もう社会科の役割は終わったのだ」などと述べておられます。（『朝日新聞』六二年一一月一四日）

これに対し、「社会科」教育専門家や社会科教育で育ってきた人たちの中には、「社会科廃止」に反対の考えもあります。

反対運動の先頭に立つ上田薫都留文科大学長（社会科創設当時の文部省専門職）は、「社会科は人間の暮らしを良くするにはどうしたらいいかを考える教科で、そのために歴史があるので、アカデミックなものが先ずあるわけではない。学生の歴史離れは事実だが、だからといって歴史独立、世界史必修を強行すれば、ますます年号の暗記になり、世の中の動きを人間の生活と結びつけながら歴史を見ていくのに逆行する」（『朝日新聞』六二年一一月一四日）と、社会科解体に反対しておられます。

五　占領下教育からの脱却めざして

しかし、日本の戦後社会の特徴は、アメリカナイズされた即物的・現実的な傾向が強く、ビジョンや理念が著しく欠如している点だといわれています。今後の民主主義教育は、ただ現在をよく生きることだけでなく、自らの文化や伝統を尊重し、将来のために、よりよい社会を建設していく人間の育成に努めなければならないのではないでしょうか。そうでなければ、未来世代の検証に十分耐え得る社会にはならないと思います。

戦後、日本には、過去はすべて過ちであるとし、自らの歴史や伝統を否定する傾向があります。しかし、現在は過去なくしては存在しないし、現在は将来に繋がるものですから、よくも悪くも歴史や伝統、文化はよく理解し検証しつつ現在に活かし、将来のために発展させていく努力をしなければならないと思います。

そのためには、歴史を社会科の一部として留めるよりも、独立した教科とする方が望ましいといえるでしょう。

　その意味から、いろいろ反対はあるにしても、戦後の新学制以来、初めて主要教科の教科編成を変え、社会科を解体し地歴科を独立させたことは、アメリカ占領の残滓を精算し、歴史教育を重視するという点で、その意義は極めて大きいと思うのです。

第二章　軍政部教育官のさまざまなタイプ

一　軍政部の〝権限なき権限〟の運用

連合軍による日本本土進駐は、昭和二〇年八月二八日先遣部隊の厚木への飛来を皮切りに各地で開始されましたが、最高司令官（ＳＣＡＰ）マッカーサーが来日したのは、八月三〇日でした。

しかし、日本の降伏が予想外に早かったため、占領後の日本管理方式については、まだ米国政府内で最終決定をみておらず、陸軍の強い意向もあって、間接統治方式が決定したのは九月中旬になってからです。

マッカーサーは、もともと日本占領の短期終結を予想しており、占領が一時的な措置とすれば間接統治方式が有効であるとの信念を抱いていたといわれています。

彼は、来日直後に日本政府に緊急勅令「ポツダム宣言の受諾に伴い発する命令に関する件」の公布（二〇年九月二〇日）を指示し、間接統治の裏づけの措置を講じましたが、以来昭和二七年四月の日米講和条約発行日まで、日本は連合軍の占領下に置かれることになりました。

占領管理機構は、翌年にかけて次第に整備されました。その大綱は中央諸機関と地方軍政組織とに大別され、前者が主として占領管理遂行上の基本方針を担当し、後者が日本の地方行政機関に対応して実施に当たることになっていました。ですから地方軍政部の使命任務は、連合軍総司令部（GHQ）の指令およびそれに基づいて発せられた日本の諸法令が、地方レベルにおいて履行されるように、日本側に指導助言を行うことにあり、その行為には強制力や罰則の裏づけはありませんでした。

軍政官の中には、この権限や立場に不満や自嘲の念を抱く者もあり、大阪第一〇七軍政部次長ショウ少佐は、マーク・ゲインのインタビュー（二一年二月二一日）に答え、「我々は、軍政部と呼ばれているがその命名は間違っている。我々は、何も治めていない。訓令は、日本人に自分の国を治めさせ我々は丁度監督のような位置に立つよう定めた。軍政部は骨抜きなんだ」（『ニッポン日記』マーク・ゲイン）といっています。それにも拘らず軍政部は、日本の地方関係者や民衆にとっては、身近な占領軍の権化のように映り、彼らの指導助言も絶対的命令と受けとめられていました。

日本国民にとって、占領は開闢以来の体験であり、それに戦時中の日本軍の東南アジア、中国などにおける強圧的な占領政策の先入観もありましたから、国民は、戦時中よりも真暗なトンネルに入ったような不安と恐怖に戦《おのの》いていたのです。

最初に連合軍が進駐した時、受け入れに当たった神奈川県が、ベルリンへソ連兵が進駐した時の実情などから考えて、女性は危険だと判断し、県庁の女子職員全員を解雇帰宅させ、また女学校に対しては土地の状況に応じ授業を休止するよう通達し、良家の子女はなるべく横浜市内から退去するよう指示したことなどをみても、当時の様子は推測できましょう。

それに、地方軍政部のスタッフの貧弱さや業績主義、さらには間接統治の認識や訓練不足などもあって、地方によっては、強力な指示を与えたため、種々の問題を生じました。「県の教育課は、実質的には軍政部の小間使いのようなもので、軍政部が指令を出し、処理は県がやり、しまつが悪いときめつけるというやり方であった」(『山形教育』長谷部清)のは、程度の差はあっても全国共通でした。

二 〝急進派〟と〝漸進派〟教育官の問題点

昭和二一年頃から、地方軍政部の組織の確立、教育担当官配置、教育研修の充実などで、多少改善されたものの、それでも各地の混乱は長く続きました。

もちろん、日本の伝統や慣習に柔軟に対応し、漸進的に民主化政策をおし進め、日本側と良好な関係を維持しようとする教育官もありました。

栃木軍政部フリードリッヒのように、「温順で極めて好人物で、我々に威圧を加えることがまったくなく、日本側を信用し、全面的に応援してくれたので、占領下という感じがしなかった」(視学、小柴貢)人物もいたのです。

フリードリッヒのようなタイプの教育官の多くは、教員出身者で、教育行政官としてよりもむしろ教育実践者として、日本人と接触することに意義と誇りを見出しており、占領政策の制度よりも、教育的内容や方法に係わる比重がおかれていたようです。

昭和二一年に神奈川軍政部初代教育官となったR・V・ベーカーも「民主化を焦ってはいけ

ない。アメリカでも百年の年月を要した。特に、教育は性急であってはならない」といい、勝者としての優越感よりも教育者としての見識をもって日本側に対応しました。

彼は、GHQの命令で禁止された剣道を、希望して湘南中学校で実際に見て、こんないいスポーツを何故禁止したのかと残念がっていましたし、教職員適格審査についても何の指示もしませんでした。（彼は、その年の暮れに帰国し、その後テキサスのハイスクールの校長をしていましたが、一〇年後の昭和三一年七月に夫人同伴で来日し、当時の関係者百名以上による盛大な歓迎会に招待され再会を喜びあいました。）

ただ、「軍政部の柔軟な態度は一長一短だった。日本側の抵抗が成功したため、宮城の教育は古いタイプが残ってしまった。戦前の古いタイプの教育を改める、絶好の機会だったのに」（『河北新報』五二年八月三一日。視学、吉良松夫）という見解に代表されるように、穏健な友好的教育官は、混乱を起こさなかった反面、日本側の旧弊を改善すべき絶好の機会を逸する結果となったという意見もないではありません。

漸進型に対して、急進型というべき教育官は少なくなかったのですが、彼らに対応した日本側行政者の苦労は、筆舌に尽せぬものがありました。

全国的に見ればまだ小者ではありましたが、神奈川のマックマナスも、これに属します。

マクレラン（宮崎および第一軍団軍政部）、ジョンソン（大阪および東海北陸地区軍政部）、ケーズ（静岡京都および宮崎軍政部）などは、各地に強烈な「旋風」を巻き起こし、「異動の先々で問題が引き起こされる故、深甚の注意が必要」と、日本の連絡調整事務局が、連絡網を通じて情報を流すほど、改革派の急先鋒として全国に名が知れわたっていました。

「ジョンソンは妙なことをいうと、公衆の面前で聞くにたえないほどの言葉で罵倒した」（福井県通訳、西宮弁界）

「ケーズは市議会に乗りこみ、議場で（校舎転用の）要求に応じない場合、審議権を剝奪するとおどした」（京都府視学、青柳英夫）などの証言がそのことを雄弁に物語っています。

また、兵庫県では、男女共学実施に当たり、中学校と女学校の生徒それぞれ半数入れ替えのリストや時間割作成を急遽命ぜられ、職員は食糧不足の折、空腹を抱え、連日徹夜作業を行い、教師の入れ替えも強行されました。

彼ら教育官の多くは大体真面目一途で、職務に忠実で、短絡的に理想主義に走る性格をもっていました。ジョンソンも姉の言によれば、「性格が純粋すぎて直情径行」の傾向があったといいます。

いずれにせよ、彼らは、性急で、強引でした。急進派と見られるアンダーソン（第一軍団および近畿軍政部）も、後になって「在日米国関係者には、偏狭な発想で、本国の成功例を、日本に無雑作に適用しようとした者があった」と回想しています。

さらに、彼らの目には、彼らの意見や勧告指示に対して、無理解で非協力的である元凶は役人であると映っていたことです。日本を害したのは、軍人であり、その軍人と結託したのは役人であり、それが現在校長等の学校管理者とともに、教育民主化を妨げている、と考えていたのです。

ジョンソンは、大阪軍政部教育課長就任直後、府下の公立学校長を一堂に集めて訓示をした際、声を高めて「日本の民主化を妨げているのは、汝等校長である」と罵倒したといわれています。

なお、第八軍司令部作成の軍政活動チェックリストの原案には、当該都道府県教育主管者に対して、

（一）能力および専門性において、十分な資格を有しているか

（二）軍政部と協力的であるか

（三）民主化に理解を示し努力をしているか

等を常時監視することが、重要な任務の一つとして掲げられていたといいます。

それらのことから、軍政部に権限がなかったとはいえ、実際には日本の教育行政官の主要ポスト（神奈川県では、中等学校長も）の人事を行うにあたり、予め軍政部教育官からリストの提出を求められてチェックされ、また現職者の罷免を要求されたところも少なくありませんでした。

例えば、オスボンによる石川県学務課長（二三年高校再編成）、ジョンソンによる大阪府学務課長（二三年男女共学の実施）や、神奈川県における二二年から二三年にかけての、マックマナスによる学務課長　鈴木重信（教育民主化遅延）、視学官　佐田稔（神道指令違反）、同　直井要（渉外非協力）、同　石井透（適格審査担当不適任）など、いずれも軍政部から忌避されてその職を追われました。

これらは、いずれも当面の教育政策課題への対応をめぐり、軍政部教育官と日本側教育行政担当者との対立が深まった結果、最終的に軍政部との関係を改善修復するために、やむなく日本側が折れ、当事者の更迭によって、解決を図ったものでした。

第三章　学校視察の重要性

一　学校視察はいつも〝抜きうち〟

第八軍司令部が、教育重点施策として示達したのは、学校視察、教員の現職教育、成人教育、PTA等団体の民主的組織の育成などでしたが、昭和二三年教育委員会制度が実施され、教育行政指導が優先される一時期を除いて「学校視察」は、常に優先順位の第一位でした。

第八軍の「日本の教育施設に関する視察についての施行命令」(二一年一二月六日)によれば、視察目的は「日本の教育改革の進捗に関する詳細な情報を第八軍司令部に提供するため」で、初等中等学校を中心に月五校以上の教育施設を視察するよう指示していました。

視察後は、学校経営や授業内容、方法等に関して、各学校や行政当局に対して行った指導助言や改善の指示の大要が報告され、上級軍政部を通じてGHQに伝達されました。そしてこの報告は、全国的レベルで解決や調整を要する事項について、日本政府に必要な措置をとらせる上で貴重な資料となったのです。

このように学校視察は、教育諸施策の実施状況の確認と、それに応じて日本側に必要な措置をとらせるための有効な方法でしたから、占領期間を通じて重要視されました。軍政部係官は、GHQから発せられた四大指令の趣旨に基づき、学校を視察して戦時中の教材教具、教練用武器や剣道、弓道、薙刀用具の処分、関係図書の廃棄、教科書の回収や内容部分の削除、神棚、御真影奉安殿、戦争顕彰記念碑等の除去などを督励し、さらに軍隊式慣行（一斉挙手、敬礼、号令、体罰、丸刈など）の是正に当たりました。後には、次第に指導助言的色彩に変わりましたが、初期の学校視察の重点は、監視摘発中心の傾向でした。

従って、連合軍進駐直後全国の学校は、軍政部の突然の視察に備え、教練用歩兵銃を地下に埋めたり、教科書を教壇の下に隠したり、生徒の登下校時における教師への挙手敬礼、授業時の「起立、礼の号令」廃止の徹底などの対応に忙殺されたのです。

当時、神奈川県で四大指令中の「軍国主義的教育と訓練の中止」に基づいて、教育民生部長名で、学校長あて「秩序行進、徒手体操等実施に関する件」の通牒を出していますが、それには、「集団への号令は、最小限にし、軍事色なく愉快な気持ちを与えるようにやればいい。行進は『一―二』『左―右』と唱えるのは適当でない。合同体操は画一性にとらわれず、個人差を無視しないように」とあります。

今日では漫画的ですが、これが当時の実情でした。

軍政部は、視察に当たって、対象校を独自に調査選択し、計画的に行いましたが、視察に先立ち当該校はもとより、行政当局にも事前連絡は一切なく、いつも抜きうちに行われるのが通例でした。そして、授業中の教室に泥靴のまま踏みこんだり(青森)、道路を整列歩行中の児童に対し軍国調であるとし中止させたり(山形)、写真、ポスター、模擬銃の発見を根拠に責任者の処分を強要したりする（山口、山形、長崎）、などの事例も発生しました。

また、特殊な例としては、学校視察に訪れた米兵三名が、校舎一巡後、帰りがけに、一人の若い女性教師を無理矢理ジープに乗せドライブに連れ去るという（秋田）事件もありました。

神奈川のマックマナスも、いつも抜きうちに学校へ行き、〝生徒数を知らない無能な校長〟(いきなり、彼に生徒数を聞かれて動転し、正確に答えなければと思い教頭を呼んだ）を罷免しろとか、校庭で遊んでいる生徒から、殴った先生の名前を聞き出してきて、軍国主義者だから追放しろとか、また、横浜三ッ沢小学校で天井裏から竹刀一本（誰かがとりあえず眼につかないようにと隠しておいたのが、そのままあったらしい）を探し出し、また吉田中学校では、廃品回収のため家庭から不用の本や新聞紙などを集めて束ねてあった中から、修身教科書一冊を発見し、校長の処分を要求したりしました。

二　〝顔は日本人、心はアメリカ人〟

地方軍政部教育課には、軍人、民間人の連合国側係官（多くは二世を含む米国人）の外に、日本人職員も配置されていましたが、これら職員のうち通訳は、通訳業務の外に、投書、陳情書の処理をはじめ、要員不足のため学校視察を行い、報告書作成など教育官の職務代行を委せられる場合もありました。その中には、忠実な意思伝達者としてではなく、自らが占領当事者であるかのような錯覚に陥り行動する者もありました。

マックマナスは、日本人通訳を警戒して信用せず、好んで二世通訳を重用しました。ところが、その多くは顔は日本人でも心はアメリカ人で、日本の立場を理解せずアメリカ側に立ち、両者の調整をはかろうとはしなかったのです。

ある時、二世女性通訳が一人で学校視察に赴いたところ、学校ではその服装態度等から特殊職業婦人と思って、丁重に応対しなかったので立腹しマックマナスに訴えたことがあります。彼は、直ちに県下全学校に対し、厳重な注意を与えるように指示してきました。

昭和二二年一一月二七日付で、教育部長から六市長、地方事務所長、中等学校長あて発せられた「軍政部視察掛官に対する応接について」の通牒がその時のものです。

次はその全文ですが、今、改めてこれを読むと、日本の事情も教育も知らない無教養な一女性のために、ただ彼女が英語を話せる軍政部の職員であるが故に、この文案を書かねばならなかった担当者の憤懣が行間から伝わってきます。

軍政部視察掛官に対する応接について

軍政部掛官の学校視察に際しては種々細心の御配慮を以て応接のことと思ふが、先般某校巡視の際に掛官を三〇分も廊下に待たせ置く等の礼を失する事件などもあり今後軍政部掛官は誰人たるを問はず礼を欠くことのない様、取計はれたく念のため通知する。特に学校長教頭不在の場合には、次席者が責任を以て遺憾なき措置を講ぜられたい。

尚、参考のため軍政部民間情報教育課の掛官氏名、主要職掌は左記の通りであるから御含み置き願ひたい。

記

マックマナス氏　課長
クルック氏　小学校掛官
シュレーダー女史　高等女学校掛官
田中氏　中等学校掛官
小川女史　新制中学校掛官

（備考）軍政部の用務をおって日本人通訳が来校する際も同様に考へられたい。

占領初期に多かった学校視察におけるトラブルの発生は、軍政部組織が未整備で、また粗野で無教養な兵卒などによって行われたことにもありましたが、同時に、学校視察に関する内容方法についての形式が確立していなかったところにもその要因がありました。

第八軍は、これらの実情をふまえて施行命令を逐次補足改訂して改善を加えましが、学校視察の目的を「日本側を指導し援助する使命を履行する」よう明示したのは、昭和二三年九月二九日施行命令第五一号からでした。

ところで、第八軍は学校視察について当初施行命令第一九号（二一年二月一三日）で、「学校視察調査票兼報告書形式」を定めています。全体が五七項目からなっていますが、当時知るよしもなかった内容をいま見ると、彼らの学校視察の目的と教育官の行動それぞれが思い当たって興味深いのです。

次は、全体の中からの主な項目の抜粋です。

一　学校を視察して決定せよ（二三項目）

○生徒は、生徒相互間または教師に対して軍隊式の礼法を挨拶に用いるか。

○生徒は読む時、直立不動の姿勢で起立することを要求されているか。

○生徒は、教師に自由に質問するか。

○教育勅語が生徒に対して読まれ、あるいは生徒によって読まれているか。

○まだ使用されている教科書に、要求された抹削が施されているか。

a上に線が引いてある。b塗りつぶされてある。c糊で貼って覆ってある。d切り取ってある。

二　学校長と面接して決定せよ（一八項目）

○柔道・剣道・薙刀の授業が与えられているか。

○学校は、次の各項につき文部大臣から指令をうけているか。

a教科書の抹消　b修身・歴史・地理　c教練科の除去　d超国家主義教育の排除

○その指令は、全教師に通達されたか。

○修身・歴史・地理の教科書は、一二月三一日の指令に基づいて集められたか。

○教師は、民主主義および民主的教育に関する講習会に間もなく出席するか（または既にそういう会の課程を修了したか）。

○学校は、何か生徒の組織体をもっているか。

○学校は、父兄会をもっているか。

○学校は、父兄に新指令を知らせようとしているか。

三　生徒と面接して決定せよ（七項目）

○生徒は、教練または武道の授業をうけているか。

○生徒は、時事の討論に興味をもっているか。

a学校の中において　b外部組織において

○生徒は、時間割以外に何か活動しているか。

○生徒は、毎日宿題を課せられているか。

　a一時間か　b二時間か

四　教師と面接して決定せよ（九項目）

○教師自身文部省の指令を読んでいるか。

○こういう指令がはっきり教師に理解されているか。

○指令のことばが教師に容易に理解されているか。

○教師は日刊新聞を読むか。

○教師は、常に個人的にまたは団体で学校の運営改善の方法の研究に参加しているか。

○教師は、新教材を用意するよう奨励されているか。

第四章　教職員適格審査の実態

一　「焚書坑儒」の再来か

連合軍の教育改革の中で、修身、日本歴史、地理の授業停止に伴う「教科書及び教師用参考書」をはじめ、「宣伝用刊行物」（例えば『米英の東亜撹乱』『米英の世界侵略』など）を没収したのは、いわば、「焚書」であり、また、教職員追放は「坑儒」というべきものでしょう。秦の始皇帝から二千有百年を隔てても、権力の移動があれば、やはり同じような発想がなされるらしいのです。

連合軍にとって、「軍国主義者、超国家主義者、積極的戦争協力者また連合国に敵意を抱く者」などを教育界から排除する、いわゆる教職追放は、占領政策を実施し、民主教育を行う上で、旧教育体制を払拭するための重要方策でした。

ＧＨＱは、二〇年一〇月に、四大指令の一つ「教職員及び教育関係者の調査除去に関する指令」を発しましたが、日本政府はそれに基づいて、半年後に勅令を公布（二一年五月七日）、同時に文部省訓令によって「教職員適格審査委員会」を設置して、全国の教職員の審査を行うことを定めました。この結果、翌年にかけて全国の教育界に教職追放の烈しい嵐が吹き荒れました。

審査基準によれば、第一は本人の行為行状について、委員会の会議手続を経て適不適を判定する（いわゆる別表第一）ものと、第二の本人の地位と経歴が、「文部省指定の職や経歴」に該当する者（いわゆる別表第二）とに分けられていましたが、第二は審査を経ることなく自動的に不適格としますから、審査の実質的対象はもっぱら第一該当者でした。

都道府県では、勅令公布後直ちに作業に着手し、六月から八月にかけて順次委員会を設置して審査を開始しました。

ＧＨＱは、この結果如何が教育民主化の鍵となると判断して、その成行きを注視し、文部省と軍政部を通じて指導にあたりました。

委員会は、学校種別、職種等によって五種の委員会に分けられましたが、中等教育以下の学校の全教員、三級以下の教育関係事務吏員（都道府県の視学官・市視学）についての審査を受け持つ都道府県委員会が、審査対象数において断然多いことを重視したＧＨＱは、特にこれに力を注いだのです。

この委員会の委員構成は、基準として教育界から七名、その他の各界から六名となっていましたが、委員が戦時中指導的役割を果たした人物で占められないよう、軍政部によって任命以前の検認や以後の変更に、積極的な勧告指導が行われました。

候補者を軍政部が直接面接して決定した（熊本）ところや、候補者の身元思想等について独自の調査をして許可した（三重）ところもありました。

神奈川軍政部ベーカー教育課長は、選出基準に合致していればいいとして、委員候補者の個々にはふれず原案をそのまま認めました。ベーカーも臨席して最初の委員会が開催されたのは、昭和二一年七月一七日でした。

さてＧＨＱは、最初は少なくとも戦時中教育界の指導的立場にあった視学、校長などは、その責任上、相当数が追放されるべきであると考えていました。

静岡軍政部教育官コールマンは、対象者の一〇％程度の不適格者が出るだろう、校長のほとんどは追放されるだろうと予想していたといいます。

それにもかかわらず全国的に審査が進行し、対象者の大半を終えた段階でも、不適格者の数は極めて少なく、その年の一二月一六日の文部省発表によれば、全国で僅か四二二名（自動不適格者一五〇六名）でした。

これは、一般に審査委員会が不適格者を戦争犠牲者と考え、最小限度に留めようと考えていたからですが、一つにはそれまでに目立った戦時教育推進者とみなされた者たちの多くが、追放の烙印をおされる前に、自発的にまたは行政指導などで退職していたからでした。

ＧＨＱの公式記録によれば、委員会設置指示（二一年五月七日）以前に退職した初中等学校教員及び行政官の数は、一一万五七七八名に及びます。これには、前記以外に戦時中の教育に責任を感じ、あるいは戦後の急激な変化にたえられずに自ら退職した者も含みますが、それでも全職員の二〇％を占めていたのです。

文部省も初めのうちは会議でも、「教職員が戦時中傍観的態度をとらずに、一国民として持つべき当然の愛国心の発露から、その地位立場において戦争に協力したことまで指弾する必要はない」（田中耕太郎文部大臣）として、責任の波及を極力なくしようとしていました。

実際に、不適格と判定するには、証拠を必要としますが、著書や論文等の記録でもあれば別ですが、戦時中の行為や行状について十分な客観的資料を得ることはむつかしいのです。それに戦時体制下の教師が、国策遂行のため戦意を鼓舞したのは当然の任務ですから、その風潮に便乗して狂気じみた行動でもしない限り、一般と区別することはきわめて困難でした。

神奈川県の審査委員は、皆穏健な考えを持っていて、積極的に不適格者を出そうとしませんでした。軍政部のベーカー教育課長も時折は会議に顔を出しましたが、一言もいわず、終了後に審査人員を報告するように、といって途中で帰りました。そのため神奈川県では、対象者の殆どの審査を終えた二一年末でも、別表第二該当者は別として、不適格者の数はきわめて少なく、数えるほどしかありませんでした。

二　ＧＨＱの積極的介入

ところがこのような全国的傾向に対してＧＨＱは強い不満を示し、文部省に〝職務に忠実でない審査委員会〟の改善を命じました。

そこで文部省は〝成績の悪い〟東京、大阪など二〇都府県と、三学校集団（大学等）の委員会に対して、委員の変更（二一年一一月三日）を、さらに全国都道府県委員会に対しては、審査済の者も再審査を行うよう要請（二一年一二月）しました。また、中央適格審査委員会も、

CIEから全員の交替を指示（二二年一月三〇日）されました。

それに伴って、地方軍政部も委員会改組、委員交替をはじめ運営についても積極的に介入するようになりました。

神奈川軍政部では、昭和二二年一一月に帰国したベーカーの後任として、部下であったマックマナスが教育課長に就任しましたが、彼は、GHQの方針に忠実に従い積極的に対応し行動しました。

先ず、審査結果については、それまでの審査人数に加え、学校別、男女別に報告を求め、やがて、学校毎の全職員一覧表（その後の退職転任、採用者もその都度報告）を提出させ、それには、必ず適格審査の結果を記入させました。

そして学校視察には、その一覧表を持参して職員と照合し、もし未判定者がいれば、それを控えてきて、連合軍の方針に叛き敵意を持つ者だから校長と本人を処分せよというのです。

校長の中には、新卒や女性などは問題がないと考え、審査手続中に授業をさせていたケースもあり、彼に摘発されてことの重大さに驚き、色を失った者もありました。そこで、私たちは県下の中等学校や地区毎に義務制学校校長を召集して、採用者は必ず審査を受けて判定書が下りるまでは、教壇に立たせないよう、また判定書は、必ず本人に持たせ、いつでも提示できるよう改めて注意を促したものです。

その頃、ある女学校でのことですが、校長が明日、確認のため判定書を全員持参するようにいったところ、一人の女の先生が家へ帰って、いつも大事な物を保管する場所をいくら探しても見つかりません。大変なことになると思案に余って、神様を拝もうとして燈明をつけたらちゃんと神棚に上がっていたという、笑えない実話があったくらいです。

マックマナスはまた、積極的に投書をとり上げました。

投書については、上級軍政部は最初のうちは、文部省同様慎重な態度でした。しかしやがて、役人のいうことをあまり信用しなくなり、私設の日本人顧問、通訳などを重んじ、「通訳政治」、「密告政治」といわれるようになってからは、投書を活用し積極的に公式に奨励する方針に変わりました。

奈良県や長野県のように、軍政部の意向によって新聞に委員会談話や広告を掲載して、広く一般県民に戦時中の教員の行動についての通告や投書を求めたところもあったのです。

しかし、投書は、大体において教員内部の派閥意識や私的怨恨によるもの、相手を陥れようとするもの、変質的性格者によるものなどが多く、それにほとんどが匿名でした。

ただ、明白な証拠となる印刷物があると本人にとっては不利で、川崎市島崎課長の青年学校関係の著書や、某小学校長の「鬼畜米英」と書いた巻頭言の会報などを突きつけられると弁明の余地はありませんでした。

マックマナス宛に出す投書が効果的であることが分かるにつれ、その数はますます増加しました。日本人同士による卑劣な密告で、傷つけられるのを見るのは耐えられませんでしたが、日本の実情をよく知らない白紙の彼にとっては、投書や密告は唯一の有力な資料でした。

投書でも「某が在郷軍人分会長であった」というような場合は、市町村長に照会して事実の有無の証明書を求め、それを示せば済みますが、戦時中の思想行動などについて反証することは極めて困難ですから、マックマナスを承服させることは容易でありませんでした。

投書の多くには、「これは事実であるから名乗り出たいが、後難を恐れて匿名にする」と書かれていましたから、彼は投書を手にちらつかせながら「お前は隠しているが、自分は何でも知っている。お前たちは、悪い者をかばって告発する者に圧力をかけるとは怪しからん」と怒るのです。

このように、彼が次々に資料を提示してくる度に、教育行政当局は、時を移さず実情を調査し、その内容によって事実無根であれば釈明し、また問題によっては責任者の訓戒、誓約書や始末書の提出、あるいは配置転換さらに必要に応じては再度審査委員会にかけて適格の判定をするなど、あらゆる処置を講じてその結果を彼に示して説明し、難を免れるのに苦心惨憺しました。それによって助かった者は数え切れません。

実にマックマナス対策は、教育行政の中で、すべてに優先する最大の緊急重要課題でありました。

三　マックマナスとの最初で最後の握手

投書について昭和二二年四月に一つの事件がありました。

既に適格判定済であった某私立学校長が、超国家主義者であるという投書がマックマナスに届いたのです。彼は投書に基づいて、校長を再審査して追放せよと指示しました。投書は校内紛争に起因していたため、他の場合と違った激しい内容が書かれていて、彼の態度も強硬で、到底納得しそうもありません。

そこで、私は学校責任者（校長は病臥中であった）を呼び、鈴木学務課長とともに実情を説明し、穏便に処理するには自ら退職するのが賢明であることを告げました。

それでいったんは了承したものの、アメリカ人が女性に弱いことを知っている彼らは、ある日本女性を通じて、その経緯を書いた陳情書を軍政部の上層へ提出しました。

ある日、マックマナスの上司ジョーンズ少佐から学務課長と私が呼び出されました。指定された時間に、連合軍が接収し軍政部が使用していた日本郵船ビルへ行きますと、部屋には緊張した面持ちのマックマナスが同席していました。

少佐は先ず、「連合軍は日本に対して命令などによる強圧的な方法でなく、相互理解の上で問題を処理しようとしている。もし、そうでない事実があれば遺憾なことである」と前置きして質問を始めました。要は、県当局が軍政部の命令だから校長は退職せよと申渡したとある陳情書の内容は事実かということでした。

その間、傍らのマックマナスは、卑屈で、不安そうな表情で私たちの顔色をうかがっていました。

学務課長は、ここでマックマナスを窮地に追いこむと、今後悪影響を及ぼすと考慮したのでしょう、「内容は事実と違う」と彼の指示によることを否定しました。

少佐は次に私に向って、「審査会は、再審査しても証拠不十分であるから同じ結果である。しかしこれは軍政部の厳命であるからいかんともし難い。結局は、不適格の判定をせざるを得ないだろう。これも敗戦国の悲惨な運命と思って了承してほしい」と、あなたが発言したとあるのは事実かと質問しました。事実はその通りですが、私は課長の意に沿い「自分は審査委員でなく書記にすぎない。権限を持たない自分が、そんなことをいう筈はない」と答えました。

ホッとしたマックマナスは、帰りがけに珍しく笑顔で握手を求めましたが、彼と握手したのはこれが初めで終わりでした。帰途、本当のことをいってやりたかったと話し合いましたが、その場合果たしてどんな結果になったかは予想できません。

とにかくそれで校長は助かり、一件落着したものの学校からは、「軍政部はそれ程強い意向ではなかったのでは」と恨まれ面目を失いました。それはともかく、この一件は図らずも後日展開する、私の終生忘れることのできない、マックマナスとの〝激突シーン〟の序幕となったのです。

四　ついにマックマナスと激突

そんな事があってからも、マックマナスは相変わらず投書や密告による難題を持ち込んできますが、彼の思うように不適格にならないので、ついに審査委員に問題があるといい出しました。

前述のように、文部省は二一年一一月に成績の悪い二〇都府県に対して委員の変更を要請しましたが、神奈川県は不適格者が少なかったにもかかわらず、その中に入っていませんでした。(これについて、最近研究者の中にはこれらの都府県の選定が、必ずしも不適格者の数量によっていないことから、地方軍政部の意向で決定されたと推測する向きがありますが、実情は、文部省の自主的判断で全般を勘案して選定したものです)

そのことを知った委員たちは嫌気がさし、特に学校関係の委員は、身辺に危険を感じて辞任を申出ました。ところが後任を決めようにも、マックマナスはこちらが示す候補者の履歴を厳重にチェックし、なかなかOKしません。戦時中はもちろん、現在でも役職にある者を嫌い、むしろ教育に無関係なその辺を歩いている無名の人間を委員にすべきだ、などと無茶なことをいいます。

そのうちに委員は次々に替わり、最初からの人は一人もいなくなり、委員会の性格も微妙に変わっていきました。

やがて、マックマナスは、行政当局に指示するだけでなく、時には直接委員会へ出席して、特定の人物を指定して審査を求め始めました。特に、固執したのは、名門校の校長でした。「日本を悪くしたのは、軍人とそれと結託した官僚である。従って、陸海軍の学校や官僚養成の東大に繋がる一高などへ大量の生徒を入学させた学校の校長は、その罪を負わねばならぬ」というのは、占領軍の一致した考えでした。

既に、金子横浜第一中学校長（前横須賀中学校長）は、学校に四大指令を掲示していなかったという理由から、「軍法会議にかけて、沖縄へ送り、重労働をさせる」と脅かされましたが、結局、今後教職につかないという条件で職を追われていました。

次にマックマナスが強硬に追放を求めたのは、赤木湘南中学校長でした。同校長については、前に高等官に推薦してもらえなかったのを恨んだ内部職員からの投書がありましたが、委員会で取りあげませんでした。業を煮やした彼は、直接委員会へ乗りこんで来たのです。

彼は、同校長が戦時中、戦争遂行のため設けられた大政翼賛会その他多くの団体の役職についていたことを挙げて、追放に該当すると主張し、やがて委員一人一人を指名して一問一答を始めました。

困惑している委員たちを見かねた私が、「彼のついていたそれぞれの団体の役職は、どれも別表第二による不適格者の職に該当しません。従って、この職に在ったという形式的な理由で不適格にするわけにいかないのです」と説明しますと、「一つ一つの傷は軽くても、多くの傷をうければ命がなくなるではないか」といいます。

「いや、一つ一つが傷ではないのです」と、反駁しますと、色をなした彼は、

「お前は赤木の親戚か」というのです。

「いや、何の関係もありません」と答えますと、

「では、どうしてそんなにプロテクトするのか」と詰問します。

「該当しない者を、例外として取り扱うわけにはいかないからです」と、いくら説明しても、彼は一向に耳を藉さず、声を荒らげて、不適格にすべきだと繰り返します。彼のそのあまりのしつこさに、積もる鬱憤が爆発した私は、意を決してこういいました。

「そんなに追放したかったから命令を出せばいいでしょう」

「命令なら出来るか？」と、彼は詰めよりました。

「そうです!!」

私は、彼の顔を真正面から見据え、さきにジョーンズ少佐が、彼を前にして私たちにいった言葉を思い出しながら続けました。

「これは命令ですか？」

じっと私の顔をにらんでいた彼は、通訳の言葉を聞くと、眼を逸らせ
「いや、これは order（オーダー＝命令）ではない。suggestion（サゼスチョン＝提案）だ」

そういい終わるや否や、血相を変えた彼は私の背後へ回りました。そして私の肩を烈しく叩いて怒鳴りました。

「お前は黙っていろ!!　委員でないお前に発言の資格はない!!」

やはり、彼も、あの時のジョーンズと私の言葉をよく記憶していたのです。

彼が帰った後、私に対する彼のあまりにも物凄い剣幕に驚いた委員たちは、今後の私の身の上を案じ、また私が去った委員会運営の困難を思い、暗然として言葉もなく、早々にして会議を終えました。

数日後、彼に呼ばれた中村教育部長は、沈痛な面持ちで帰ってきて「いよいよ君の番が来た。

このままでは危い。マックマナスは、君のことをmany many fault(メニイ　メニイ　フォールト＝多くの過ちがある)だと、ひどく怒っている」と困惑しています。

思えば、審査開始以来一年余り、私は犠牲者を最小限に食いとめようとして、上司ともども万策を講じて彼に抵抗してきました。

それに対して彼は、邪魔になる者を次々に排除して、執拗に目的を遂げようとしています。彼の標的にされたら最後、猫に狙われた鼠同様逃がれることはできません。私は、心を残しながらも、ようやく虎口を脱した思いで委員会を離れました。

それは、昭和二二年の秋でしたが、前年の終わり頃から始まった軍政部の圧力で、全国的に次第に不適格者が増え、その年の夏頃までには、全体として大きな峠は越えていたのです。

昭和二二年一〇月末の文部省集計によれば、不適格者数（全国六四万七千人に対し）は

委員会審査（第一表）　　二六二三名
自動不適格（第二表）　　二七一七名

ですが、第一表該当者の二千名余りの大半は実に、二一年一二月から翌年四月にかけての僅か

数カ月間に集中的に指定されたものでした。

ところが、その頃の神奈川県の状況は、不適格者数（別表第一）は、全国第一の奈良一三・二％（全対象者比）に比べ、〇・三％そこその三〇名足らずで他府県に比較して極めて少なかったのです。このことは、マックマナスのみならず、文部省からもつとに指摘されていました。

さて、赤木校長は、その後マックマナスから、同校長が戦時中、生徒を寒川神社に全員参拝させたり、河内から取り寄せた楠木正成ゆかりの楠を校庭に植えたり、岩佐軍神の家を職員生徒に訪問させたという資料をつきつけられた委員会によって、ついに、二三年三月一六日不適格と判定されました。

次に赤木校長とともに狙われていたのが、鯨井川崎中学校長でした。

同校長についても、以前にいろいろな投書がありましたが、委員会は、同校長と長く同職した末広教頭や職員からの「投書のような事実はあったが、それは同校長の性格的なもので、軍国主義的な思想の持主ではない」との証言をもとに、不問に付していたのです。

しかしマックマナスは、再三要求してきますので、私は同校長に、「事態はますます悪化しています。このままでは済みそうにありません。事前に退職して難を免れた方がいいと思います」

と勧告しましたが、聞き入れられないうちに私は去りました。

それから間もなく、二三年二月二五日の委員会は、同校長が、戦時中に、大日本武徳会神奈川支部理事および柔道部会長の役職にあって、軍国主義化に協力したことや、視学官在任中にキリスト教主義に基づく成美学園の視察に際して行った批評や指導が同校への弾圧にあたる、という理由で不適格と判定しました。会議終了後に聞いたところによれば、その背後には、某委員（キリスト教系学校長）の強力な主張があったということです。

五　「大山事件」のてんまつ

マックマナス旋風の最大のものとしては、いわゆる大山事件がありました。

これは、「連合軍指令違反事件」として、戦後の行動を問われた、特殊なものであるばかりでなく、五名が起訴され、その中の教職関係者四名が教職不適格の判定をうけるという極めて大規模な事件でありました。

一般に、占領軍が、「神道指令違反」とした内容をくわしく調べてみると、彼らアメリカ人が、日本人の宗教や習慣を十分理解しなかったため、為にせんがための投書に利用されたという感が強いのです。

戦後の日本国憲法は、政教分離に厳しいアメリカの影響を受け、政治の宗教からの中立性について厳格に規定（第二〇条、八九条）しています。

しかし、日本の宗教は、アメリカと違い、長い歴史と文化に深く根ざしていて、社会生活上、日常行事や生活様式などに広範囲にかかわっています。また、多数の宗派宗教が、多元的に受容され、雑居しているからきわめて複雑です。

最高裁は、「津地鎮祭訴訟」大法廷判決（五二年）で、国や自治体などが、一定限度で宗教とのかかわりをもつことを認めましたが、依然として「宗教活動」の内容が不明確なため、内閣総理大臣等の「靖国神社公式参拝」（盛岡地裁は、六二年三月五日合憲の判断を示しましたが）や、市町村が行なった「地鎮祭」「忠魂碑」「玉ぐし料」などについての訴訟が方々から出され争われました。

「箕面忠魂碑・慰霊祭訴訟」では、大阪高裁は、忠魂碑は、単なる記念碑であり、慰霊祭も、宗教儀礼を伴った単なる習俗だとして、違憲とした第一審判決を取り消し、合憲の判断を下しています（六二年七月一六日）。

憲法解釈はさておき、初詣でやお祓い、地鎮祭などは、社会通念上、宗教行事というよりも、習俗的、世俗的な行事として考えるところに日本的特殊性があります。当時、「神社神道指令違反」とされた関係者に、宗教行事を行うという意識はまったくありませんでしたし、まして、それが「神社神道の支援や弘布」を目的とするとは、夢にも思いませんでしたから、軍政部から、「指令違反」行為として摘発されたときに、愕然としたのも当然です。恐らく、投書主も、投書が、それほど、大事件に発展する内容であるとは思わず、事の意外さに内心驚いたのではないでしょうか。

神奈川県で、それまでに「神道指令違反」とされたものは、大山事件以前に二件ありました。一つは、片浦中学校の生徒が、湯ヶ原五所神社の相撲場における親善相撲大会に出場したことです。

これは、当日が休日でしたので、生徒が個人で参加したこと、優勝者の賞状の伝達が学校で行われていないということで、校長の降職で処理されました。

次は、六会中学校が、校長が出席しての父兄懇談会を、神社で開催したことです。

この地区では、従来、神楽堂を一般の集会所として使う習慣があった(当日は、人数が多すぎて入りきれず、本殿の廊下も使った)といいます。調べてみますと、それ以前にも小学校で同じく神楽堂を父兄懇談会に使用したことが判明し、結局、中学校長は鎌倉へ、小学校長は、教育研究所（後に二人は教職不適格判定）へ配転されました。

さて、大山事件です。

関東に名だたる大山阿夫利神社は、戦時中は、武の神として宣伝され、大山小学校で県内剣道会を開いたりして、武運長久祈願の神として利用されました。

戦後、目黒宮司は、文化国家建設の立場からの神社振興を考え、「大山文化振興会」を結成して、中郡教育会の協力を得、児童生徒の書道図画の展覧会を開催しました。これが大山事件の発端です。

昭和二一年一一月一二日、展覧会の賞状授与式が、佐田視学官、原田中地方事務所学務課長、中郡教育会役員等の参列の下で、大山阿夫利神社社務所で行われました。当日は、大山小学校でも、中郡北部一〇校の児童音楽会が開かれるなど、終戦によって忘れられていた大山は一年ぶりで大賑わいでした。

席上、佐田視学官は、「今回の催しは、文化国家日本建設のために、誠に意義があるものであった」と祝辞を述べましたが、この催しが、後になって大問題になろうとは、その場にいた誰もが夢想だにしませんでした。

この時の賞状は、大山文化振興会長目黒潔（宮司）と中郡教育会長森屋高蔵（秦野町曽屋小学校長）両者の連名で出されましたが、速成の振興会なので会長印が、まだ出来ていませんでした。そこで、教育会長の角印に、目黒の丸印では、釣り合いがとれないので「阿夫利神社社司之印」という角印をおしました。

後に、この角印が県への投書によって、重大な意味を持つことを知った目黒宮司らは、急遽、振興会の角印を作り、賞状を書き替えて、関係学校に送り、「先般授与の賞状は、印が間に合わなかったが、正式印押捺の賞状が出来たので、先の賞状は焼却するか、神社へ返却してほしい」と依頼しました。

ところが、神社との係わりを恐れた学校からは賞状は一枚も戻らず、それに加えて、県への投書が効を奏しそうもないと考えた投書主により、その新旧賞状と交換依頼文書が、直接、軍政部あてに送られる結果になったのです。

これを受けたマックマナスは、怒り心頭に発し、県だけでなく、軍政部の Legal Section（リーガル　セクション＝法務課）にも持ちこみ、刑事事件として処理するよう強く働きかけたのです。

当時横浜地検の検事は、軍政部法務課から、執拗に起訴せよといわれて困却していました。

事情を聴きに私たちの元を訪れた検事に、「マックマナスから、関係者を教職不適格にせよと迫られて困っている」と伝えると、検事も「こんな事件は、日本の法律ではとても起訴できないのに、彼らは日本の実情も知らないで無茶をいう。敗戦国とは悲惨なものだ」と慨嘆していました。その頃（昭和二二、三年）は、占領軍の全盛時代だったのです。

結局、この大山事件では、二三年三月一八日、目黒宮司、佐田視学官、原田中地方事務所学務課長、沼野伊勢原小学校長、白鳥成瀬中学校長の五名が起訴されました。それに、勢いづいたマックマナスは、時を移さず、その直後（三月二五日）に開催された審査委員会に乗りこみ、圧力をかけ、即日、教職にない目黒宮司を除く四名を不適格に判定させることに成功しました。

席上、「裁判所の判決を待って決定したい」と伊沢委員長が発言すると、「そんなにこの四人が恐ろしくてできないなら、俺が追放する」と大声で怒鳴ったといいます。彼としては、起訴させた軍政部法務課に対するメンツからも、どうしても不適格の判定をさせたかったのでしょう。

なお、裁判は、横浜地方裁判所で、目黒宮司は懲役六ヵ月執行猶予二年、他は無罪でした。これに対して、軍政部の指示で全員が検事控訴されることを知った目黒氏は直ちに控訴しました。東京高等裁判所では、六回の公判後、白鳥、沼野二名は無罪、他の三名は有罪判決をうけました。そして、三名については、最高裁判所に舞台が移りましたが、そのうち、日米講和条約締結に伴い、公判を見ないまま、この事件は終わったのです。

無罪となっても、教職不適格はなかなか解除されず、沼野、白鳥両名が、中央教職員適格審査委員会の再審で適格の判定をうけたのは、二五年八月二三日で、佐田氏は、翌二六年六月二一日でした。

これらの事件の発生に鑑《かんが》み、県は四大指令の「神社神道指令」の徹底をはかるため、各学校に対して、次の事項を大書して掲示するよう指示（二二年一一月二一日）しましたが、その後はこの種の事件は、起きていません。

一　神社の主催する行事等には、学校としての参加禁止

二　神社の主催する展覧会競技会等について学校において公表することを禁止

三　学校が神社または、神社に関係ある場所を会場として行事を開催することを禁止

四　神社関係の行事で生徒が個人でうけた賞状等を学校で授与することを禁止

五　教師が生徒を引率して礼拝することを禁止

三つの神社神道指令違反事件は、すべてが、軍政部への投書に基づくものですが、県内で投書の多かったのは、川崎市、中郡で、旧制中等学校では、厚木、大津、城内でした。いずれも内部の人事に対する不満や不信感などの人間関係が原因だったようです。

大山事件の投書は、中地方事務所原田課長の人事に対して、とかく不平不満を抱く者が多かったので、そのために彼を狙ってなされたのだろうとは、もっぱらの噂でした。

後に当事者の一人であった白鳥校長が手記（『あけぼの』五一年一二月）を発表しています。それによれば、当時、中郡地方には、師範学校出身者（友松会）と平塚農学校併設教員養成所（実業補習学校、青年学校）出身者との二つの学閥がありましたが、新制中学校発足とともに、農学校関係者の大運動が起こったようです。白鳥校長は、大山事件はI中学校長S氏を首領とする平塚農学校出身者による友松会員放逐、校長職獲得運動であったとしています。

六　不運な犠牲者たち

ところで、前述したように、昭和二二年前半に全国的に不適格者が増加したのは、軍政部が委員会に働きかけ監視を強めた結果です。そして、この期間中全国の関係者全員が苦慮したこと、それは、戦時中の教職員のほとんどが、国民としての当然の務めをしたわけですし、極端に隣人と異なると認められる者は少なく、客観的資料が十分得られないにもかかわらず、不適格者を出すように圧力をかけられたことでした。

そこで、県によっては軍政部や文部省からの働きかけに耐えかねて、その年の定年退職者を不適格者の数に上乗せしたり、あるいは、経済的に恵まれた人や農業兼業者など生活に困らない者を作為的に不適格者にしたり、また軍政部の指摘や密告などをそのまま取りあげ、その人物の実際の行為が、当時の一般的傾向とそれほど異ならない場合にも、証拠不十分のまま推測で不適格にするなど、慎重を欠く、性急な措置をとったところも少なくありません。

それには、いずれは第二審において、適格ないし差戻しになることを見越した上で、とりあえず不適格者を量産することを余儀なくされたという事情もありました。

また、改組された委員会の中には、教育界の民主化を図るためには、不適格者を出来る限り多くすべきだとの方針に立ち、適不適の中間的人物をも不適格と判定したところもあるのです。

不適格者量産のために判定が粗雑になると、具体的な行為を調査せず、単なる経歴だけで（別表第二による規定に該当しない者を）不適格と判定する場合も出ますが、実は私もそれを承知の上で、マックマナスの追及をかわすため窮余の策として委員会にはかり、新規採用予定者など支障のない者を選び、経歴だけで不適格と判定したケースが数件がありました。

その中には本人に対し、中央委員会の再審をうければ必ず適格になるから、その手続をするようにと内々に指導した場合もあり、それが露見して、文部省から注意をうけたこともありました。

また、同じように、ある実業家兼私立学校理事を、本人に実害がないと思われたので、某団体の役職にあったという理由で不適格にした時のことですが、その人は、第八軍司令官ロバート・M・アイケルバーガー中将の知人でした。不適格者を出したと満足していたマックマナスは、上司からそれを聞くや驚いて私のところへ飛んできました。そして「連合軍協力者を不適格にするとは重大な失策だ。即刻取り消せ」というのです。

「委員会の決定を簡単に取り消すわけにいきません。不服なら本人がアピール（中央委員会へ再審請求）すればいいでしょう」といいましたが、それでは彼の立場が悪くなるのか、「アピールする前に取り消せ」と頑として承知しません。そこで、「委員会で再審して取り消してもらうようにする」と恩にきせておいて、早速鵠沼にその人の自宅を訪ね、事情を話して、「取り消すからアピールしないでほしい」と頼みました。

本人は、「自分は、今後教職に関係することはないから、不適格になっても一向に構わないが、たまたま中将に会ったので、ちょっと話をしただけだったのに…。あなた方も大変ですね」と、私たちの苦衷を察して同情してくれました。

このように、軍政部の強い意向を受け、それに対して適正な処理をするためにあらゆる方法を考え、苦心惨憺した行政担当者の労苦は並大抵のものではなかったのです。

ちなみに、昭和二二年五月末現在で、全国で最も不適格者（別表第一）が多く、審査対象者の一〇％を超えていた県は次の四県でした。

奈良　一三・二％　鹿児島　一一・七％

静岡　一一・五％　岐阜一〇・六％

こうした状況下の審査では、当然、納得しない不適格者も多く出て、それらが中央委員会へ再審請求をします。そこで粗雑な審査がチェックされ、適格判定や差戻し事例が増えることによって、均質化され自然に全国的な審査基準が定まってきました。

同時に、それまで軍政部や文部省から促進されながらも、最小限の犠牲に留めていた県も、こうした全国的な傾向を見て、やむなく保留していた者を不適格に指定し、その結果全国的な平均値に近づきました。

神奈川県は、広島、北海道などとともに、その典型的な部類で、終盤（既述のように、マックマナスの圧力により、一挙に一〇数名の不適格者を出した二三年三月をピークとする、彼が転勤する翌二四年まで）における不適格者増加の著しい県でした。

昭和二三年五月と（二二年四月）との不適格者（別表第一）数の比較がこの事実を示しています。

広島　三四（三）　北海道五八（六）　神奈川四六（一八）

それでも府県によっては、かなりの差がありました。神奈川県は、全国でも不適格者の少ない方で、対象者の一％以下（別表第二を含み一〇〇名前後）でしたし、またそれらの中に、著しく不当な事例もなかったと思います。

しかし、仔細に検討すれば、すべてが戦時中の行為に対し、当然、その責任を負うべき人たちばかりであったといえないかもしれません。中には、他の人たちと比べ、それほど際立った行動をしたわけではないのに、不運にも戦時中に一冊の本を書いたり、また、たまたま仲間からの密告で表面化したために、無念の涙を飲み、教職を追われた人もあったことでしょう。そして敗戦直後、国民が生活苦に喘ぎながら、食うや食わずで必死で生きていた悲惨な時代に、妻子を抱え、路頭に迷い、窮乏生活を余儀なくされた人もいたに違いありません。

それらの人たちの悲しみと苦悩を思う時、占領下における教育改革の犠牲者でやむを得なかったとはいえ、それに関与した一員として、同情の念と同時に、責任の一端を感ぜざるを得ません。

なお、不適格の判定をうけた者のうち、中央教職員適格審査委員会へ再審請求し、適格の判定をうけた者も若干ありましたが、やがて、対日講和条約締結の昭和二六年に至り、七月から一二月までの短期間に、大量七九名が、そして条約発効の翌年には、残りの全部（別表第二該当者を含む）が、文部大臣により、不適格の指定を解除されました。しかし、それらの人びとのうち、教職に復帰した人は、極めて少ないのです。

〈注〉

「別表第一」（appendix 1）

教職不適格者となる行為、行状の基準を一般的に記載した表を指す。軍国主義者、積極的に戦争遂行に協力した者、連合国に敵意を有する者などがその基準。審査委員会は、当人の行為、行状がその基準に該当するか否かを審査して適不適を判定した。

「別表第二」（appendix 2）

教職不適格者となる職務（役職）を具体的に列記した表を指す（職業軍人一〇年以上、該当する団体の指定する役職など）。当人がそれに該当すれば、審査を経ることなく自動的に不適格と判定された。（四八、六〇頁参照）

第五章　私立学校行政の特殊性

一　公立校と私立校の違い

連合軍が、占領政策を実施するにあたって、日本の実情を十分理解できなかったために、日本側が困惑した例は少なくありませんが、私立学校行政もその一つでした。

GHQ（連合軍総司令部）は、教育民主化を図るため、地方教育行政制度を改革して、教育委員会法を実施（二三年七月一五日公布）しましたが、私立学校は、最初から対象外と考えていました。

教育委員会は、公立学校の管理機関であって、私立学校を所管するなどとは、念頭になく、むしろ、私学は所轄庁を必要としないというのが彼らの考えでした。

というのも、そもそも教育委員会制度は、アメリカの新天地に発達したもので、民衆が村を作り、教会や学校を建て、やがて、社会規模が大きく複雑になるに伴って、教育の充実発展を図り、教育の諸問題を処理する必要に迫られて、「公教育のための特別委員会」として設置したという植民地の歴史的経緯と背景があるからです。

ところが、日本では、既に私立学校を含むすべての学校が、文部大臣および知事によって統一的組織的に運営されてきた教育行政の歴史と実績がありましたから、文部省としては、教育委員会を地域の一般的な教育行政機関と理解し、当然私立学校もその所管に属すると信じて、関係法令を作成したのでした。

実施後、それに気がついたGHQ（CIE「民間教育情報部」）からの指示をうけた文部省が、「私立学校（高校以下）の所管については、関係法令の解釈上、若干の疑義があるが、都道府県知事の所管に属するものと解釈するを適当と考える」

との次官通知を出したのは、教育委員会法施行後五ヵ月を経た、二三年一二月二九日のことでした。

そして、この通達の『備考』で、

「それまで教育委員会が、私立学校について行った処分は、一括知事の処分とみなす、また、知事は、教育委員会の事務局及び職員を併任の形式で私学事務に当たらせても差支えない」、と付記しています。

この通知は、私立学校に対する日米の認識の相違から生じた日本政府の苦衷と困惑を露呈していますが、地方においても同様で、私学が別扱いであるとは理解せず、従来の知事所管の一切の教育事務は、当然委員会へ移行するものと考えて処理していました。そのため、知事部局に、改めて私学事務担当課が設けられるに至ったのは二四年以降になってからです。

二　私学助成をめぐる混乱

さらに、私学に対する両者の認識の違いから、日本政府が、法案作成や運用について、最も苦慮したのは、私学助成に関してでした。

占領後の憲法改正案は、二一年六月二〇日に帝国議会に提出され、一〇月一七日に可決されましたが、この間、憲法担当の金森国務大臣は、第八九条（公の支配に属しない教育事業への公金支出禁止規定）について、私立学校は、特別な法的規制に服するものと認められるから、補助金を支出して差支えない旨の答弁をし、文部省（田中耕太郎大臣）も、また私学関係者も、そのように理解していました。

たしかに、私立学校令（明治三二年勅令三五九号）には、強力な監督規定が含まれており、監督官庁は、私立学校の会計、人事について具体的に関与することが認められていましたから「公の支配」の要件を十分に満たしていたのです。

ところが二二年四月一日、学校教育法附則において、この私立学校令が廃止され、また、同年五月三日に新憲法が施行されてからは、私立学校に対する監督規定は、学校教育法総則に掲げる若干のものに限られてしまい、行政の関与内容は著しく変化しました。

それによって、憲法第八九条の解釈は、ますます不明確なものとなり、二二年の秋頃には、GHQは、私学助成は、憲法違反の疑いがあるという意見をうち出すに至りました。

しかし、当時の私立学校は、戦災被害の復旧、教職員人件費の増大、インフレーションによる基本的財産価値の低下、授業料収入比重の低下などで、経営が危機に瀕しており、放置できない状況でしたから、文部省は、憲法問題を回避するため、「契約による助成」（一定の条件のもとに、随意契約により補助する）を考え、一応CIEの了承を得たのでした。

東京都をはじめ、神奈川県が、全国に先がけて二三年に、小中高を設置する学校法人に対し、三百万円を助成したのも、このような動向に対応したものでした。ところが、これに呼応した私学側が、私学助成を一般化しようとしたため、GS（GHQの政治部）から強硬な反対が出て、CIEも、ついに、公然と一般化することに難色を示すようになってしまいました。

三　私学総連がGHQに陳情

そのうちに、法務府調査意見長官が、GHQのLS（法制部）との打ち合わせに基づいて、連絡調整事務局からの「公立学校施設を宗教団体等の使用に供することの可否」についての照会に対する回答（二四年二月一一日）を出し、「公の支配」の内容が明確にされました。その内容は、以下の通りでした。

「憲法第八九条にいう『公の支配』に属しない事業とは、国または地方公共団体の機関が、これに対して決定的な支配力を持たない事業であると解する。

換言すれば、『公の支配』に属しない事業とは、その構成、人事、内容および財政等について、公の機関から、具体的に発言、指導または、干渉されることなく、事業者が、自らこれを行うものを言うのである」

これによって、「公の支配」は、一般的な監督でなく、具体的、個別的な行政の関与であることが、GHQによって明確にされましたから、私学の助成は、その自主性の確保との関連において、きわめて困難な局面を迎えることになりました。

そこで、文部省は、この問題解決のためには、新しい特別法人を作る必要があると考え、私学の自主性を認めながら、同時に、公の支配に属するという最小限の要件を満たす監督規定作りに苦心して、法案を作成しました。

その法案（私立学校法）が、閣議で決定（二四年一〇月一四日）され、GHQの承認を得るため提出したところ、GHQ内の関係部局の意見をとりまとめたGS（政治部）から、大幅な修正勧告をうけました。そして、その修正内容は、驚いたことに、若干の表現の違いはありますが、私学団体連合会の修正要望（監督庁をすべて所轄庁と改める等の八項目）と実質的に同じものだったのです。

これは、私学総連が、法案閣議決定後に、監督事項が多すぎると反対し、CIEに対して活発な修正の働きかけを行ったことによるものです。

後に、大浜信泉早大総長は、

「今から考えると好ましい方法ではなかったが、吾々が、最後に頼るのは進駐軍であった。C

IEのルーミス氏に会って、修正又は削除する項目を挙げて依頼したところ、彼は、その通りにしようということで云々」（『私立学校法制定から一〇年』座談会）と、語っています。

しかし、文部省としては、「公の支配」について、さきのLSの厳格な解釈を前提として、最小限の要件を満たすよう模索してきた結果の案であり、私学側に対しても、「公の支配」要件を満たし、公の助成を行うためには、原案程度の監督規定がなければ、到底GHQの了解は得られないだろう、と説得に努めてきた立場からも、この修正勧告は理解できないばかりでなく、誠に意外であり心外でもありました。のみならず、GHQの修正勧告が、民間団体の私学側の主張要望をうのみにした内容であったことにも強いショックをうけたようです。

四　文部省の譲歩

それはともかく、文部省にとって、最大の疑問は、修正案による監督規定の大幅な削除が、「公の支配」の要件を満たすことになるかどうかでした。

これについて、当時文部省の担当官であった安嶋弥氏（後に東宮大夫）は、

「GHQが、従来の自らの見解を一変させ民間団体の意見のままに動いたという事実は、占領軍に統一的、継続的な定見がなかったことを示すものであろう。

あるいは、二二年一二月頃のCIEの、あるいはルーミス氏の意見がそのまま維持されたと見るべきであろうか（『戦後教育立法覚書』）」

と、述べています。

しかし、私の考えでは、CIEだけでなくGHQ全体の私学に対する考え方（自主性を重んじ、公の支配を排除する）が、文部省より私学団体に近く、その上当時の占領軍が役人よりも民間人を信用する傾向にあったために、CIEも文部省よりも、直接私学総連（幹部には英語に堪能な人物もいた）と接触していたこともあって、私学の意見をそのまま受け入れ、CIEの主導によってLSやGSなどもその意見に同調したと考えるのが正しいと思うのです。

これを証明する資料として、国立国会図書館のマイクロフィルムの中に、GSの勧告によって修正された後の私立学校法案に対するLSの見解を示す文書が残っています。

それは、LS（法制部）からGS（政治部）に、二四年一一月一七日に提出されたものです。

「政府から、財政援助を必要とする私立学校に関してのみ政府支配を厳重なものにすれば十分

であろうと思う。法案は、私立学校が、財政的援助をうけると否とにかかわらず政府の支配体系を一般化しようとしている。このような一般的国の監督が必要であり望ましいものであるかどうか疑問である。LSは補助の問題はさておき（傍点筆者）私立学校に対する現行の政府支配を拡大することなく、むしろ、学校教育法を改正して縮小することが適当でないかと考えている」

このLSの見解は、自らの所管である憲法解釈（公の支配）には、まったくふれることなく（「補助の問題はさておき」の箇所）CIEと同じ立場に立って私立学校に対する一般的な政策上の意見を述べています。

このことは、GHQの私学に対する基本的立場（ノー・サポート、ノー・コントロール）から、公の助成という考えがないことを示すものといえましょう。ここに、文部省の私学に対する考えとの根本的な相違がありました。

結局、日本側（文部省、法務府）は、修正案では、憲法の「公の支配」の要件を満たすかどうかの疑問を持ちながらも、もし、修正を受け入れなければ、承認は得られず、廃案になることを恐れて、最終的には全面的に受け入れ、一一月一一日の閣議で了承されました。

五　違憲の疑いが残る私学助成

その結果、学校法人に対する公の支配は、現行にもみられるように、民法法人下となり、さきに示された「公の支配」についてのGHQと日本政府の意見は、全面的に否定される結果となり、憲法第八九条の理論的解釈や実質的な意味は、不明確なまま、助成は、憲法次元の問題としてではなく、法律や補助政策の問題となって現在に至っています。

私学に対する助成金は、年々増加し、昭和六三年には、文部省私学助成課関係だけで三二八四億円、神奈川県は三一六億五七〇〇万円を支出しています。

そして、一方で、憲法第八九条については、第二〇条（政教分離）との関連において、宗教団体への公金支出に対し、憲法違反であるとする訴訟が数府県で起こされています。

その中で、初めての司法判断が、六二年三月五日、盛岡地裁で下されました。

それは、岩手県が、五六年、靖国神社の春秋季例大祭とみたま祭に、玉ぐし料、献灯料として、七千円ずつ計二万一千円を県費から支出したことに対し、五七年六月に、住民が、支出額

郵便はがき

恐縮ですが
切手を貼っ
てお出しく
ださい

1 6 0 - 0 0 2 2

東京都新宿区
新宿 1－10－1

(株) 文芸社

ご愛読者カード係行

書　名			
お買上 書店名	都道 府県　　市区 郡　　書店		
ふりがな お名前		明治 大正 昭和　年生　歳	
ふりがな ご住所	□□□-□□□□	性別 男・女	
お電話 番　号	(書籍ご注文の際に必要です)	ご職業	

お買い求めの動機

1. 書店店頭で見て　2. 小社の目録を見て　3. 人にすすめられて
4. 新聞広告、雑誌記事、書評を見て(新聞、雑誌名　　　　　)

上の質問に 1. と答えられた方の直接的な動機

1. タイトル　2. 著者　3. 目次　4. カバーデザイン　5. 帯　6. その他(

ご購読新聞　　　新聞	ご購読雑誌

芸社の本をお買い求めいただき誠にありがとうございます。
の愛読者カードは今後の小社出版の企画およびイベント等
資料として役立たせていただきます。

本書についてのご意見、ご感想をお聞かせください。
① 内容について

② カバー、タイトルについて

今後、とりあげてほしいテーマを掲げてください。

最近読んでおもしろかった本と、その理由をお聞かせください。

ご自分の研究成果やお考えを出版してみたいというお気持ちはありますか。
ある　ない　内容・テーマ（　　　　　　　　　　）

「ある」場合、小社から出版のご案内を希望されますか。
する　しない

ご協力ありがとうございました。

〈ブックサービスのご案内〉
社では、書籍の直接販売を料金着払いの宅急便サービスにて承っております。ご購入
望がございましたら下の欄に書名と冊数をお書きの上ご返送ください。（送料１回210円）

ご注文書名	冊数	ご注文書名	冊数
	冊		冊
	冊		冊

分の損害賠償を県に求め提訴したものです。

宮村素之裁判長は、

「玉ぐし料などの支出の性質は、戦没者に対する社会儀礼（死者儀礼）としての靖国神社への寄付であり、宗教活動性は認められない。目的、態様、金額に照らしても、神社に特権を与え、援助支援したとはいえず憲法（二〇条、八九条）に抵触しない」

との判断を示しました。

この判決について、新聞は、政府（後藤田官房長官）の「玉ぐし料の公費支出は、社会通念からみて当然と思っていた」との発言や社会党など野党四党の「遺憾だ」「疑義がある」などの談話を伝え、さらに、それぞれの立場の識者の言も掲載しています。

その中の一人、曽野綾子氏は、「こういう問題をいちいち裁判にかけることは、筋を通すという目的以上に、どこか幼い感じがする」と、いっていますが、靖国訴訟は、その他福岡、大阪、神戸地裁でも審理が続きました。

私学助成については、現在も、多くの憲法学者は、第八九条に照らし、違憲の疑いがあるとしています。しかし、実際には、私学助成が違憲であるとして争われた事例はありません。

考え方によっては、私学助成に関しては、むしろ憲法第八九条の方が、国民一般の常識に合致していない、といえるかもしれません。もっとも、日本国憲法そのものが、連合軍の占領政策による、日本の実情に合わない最大の置き土産である、とする人たちも少なくないのですが。

〈参考資料〉

四大指令

ＧＨＱは、占領直後（二〇年一〇月八日）直ちに婦人解放、労働組合の助長、教育の自由主義化、専制政治からの解放、経済の民主化などの指令を出しています。

この一般的指令に基づく「教育に関する指令」によって、戦後教育改革が行われましたが、それがいわゆる四大指令と称せられたもので、その基本は、第一の指令でした。すなわち

一　日本教育制度の管理政策に関する指令（二〇年一〇月二二日）

（一）　教育の根本方針

1、軍国主義、極端な国家主義的観念の普及禁止、軍国主義的教育と訓練の中止

2、代議政治、国際平和、個人の尊厳、基本的人権に関する観念と実践の奨励

（二）　教職員の粛正

1、職業軍人、軍国主義者、極端な国家主義者、連合国に敵意を有する者の退職

2、自由主義者、反軍国主義者の復職

3、学生教師職員の差別待遇禁止

(三) 教育の具体的方法
1、生徒教師職員の教育内容批判の奨励
2、現在の学科、教科書、教材の使用の一時的許可。ただし軍国主義観念の普及を目的とする個所の削除

この指令を補足するものとして、次の三つの指令が矢継ぎ早に出され、以上を合わせたものが、四大指令です。

二 教員及び教育関係官の調査、除外及び認可に関する指令(二〇年一〇月三〇日)
三 国家神道、神社神道に対する政府の保障支援保全監督並びに弘布の廃止に関する指令(二〇年一二月一五日)
四 修身、日本歴史及び地理停止に関する指令(二〇年一二月三一日)

〈注〉
神奈川県は昭和二一年一〇月二一日付で各学校に対し、四大指令は常時見やすい場所に掲示するよう通牒を出しています。

また、軍政部関係の文書（「進駐軍指令」と称していた）は、他と区別するよう青紙を貼り、必ず全職員が閲覧し捺印すること、そしてその文書は少なくとも二週間は掲示するよう指示していました。

教育改革略年表

昭和二〇年

八・一五　文部省訓令、「太平洋戦争終結ニ際シ渙発シ賜ヘル大詔ノ聖旨奉載について」

八・一六　文部、厚生通達、「動員学徒の解除、疎開学童の学校復帰について」

九・四　県教育課通達、「連合軍進駐に伴い、土地の状況に応じ女生徒の授業休止について」

九・一五　文部省発表、「新日本建設の教育方針」

九・二〇　文部省通達、「終戦の詔書の精神に鑑み不適当な教材の全部又は部分の削除について」

一〇・四　県通牒、「教科用図書の取扱方に関して（不適当な教材の削除、例えば初等科国語六の水兵の母、姿なき入城、朝鮮のゐなか等）」

一〇・四　県通牒、「時局の急転に伴う学校教育に関して（中学校の学校教練中止等）」
一〇・二二　総司令部指令、「日本教育制度に関する管理政策に関する件」
一〇・三〇　総司令部指令、「教員及び教育関係官の調査、除外及び認可に関する件」
一一・二二　県通牒、「終戦に伴う体錬科教授要項の取扱（国民学校では、武道中止、歩調をとって歩く、ヘイタイゴッコ等の教材削除、中等学校では体錬科武道の授業中止）について」
一二・一五　総司令部指令、「国家神道、神社神道に対する政府の保障、支援、保全、監督ならびに弘布の廃止に関する件」
一二・三一　総司令部指令、「修身、日本歴史及び地理停止に関する件」

昭和二一年
二・一四　御真影を県に返還
三・六　米国教育使節団来日
五・七　文部省、教職員適格審査委員会規程を公布
五・二一　文部省、新教育指針発表

七・一七　県、教職員適格審査委員会第一回開催
七・二五　御真影奉安殿撤去指示
一〇・八　文部省通達、「勅語及び詔書等の取扱い（引続き学校に保管、ただし神格化の取扱い禁止等）について」
一一・三　日本国憲法公布
昭和二二年
三・二〇　文部省学習指導要領一般編（試案）発表
三・三一　教育基本法、学校教育法公布
四・一　六、三制新学校制度（小・中学校）発足
昭和二三年
一・二七　文部省、高等学校設置基準公布
四・一　新制高等学校発足
六・一九　衆参両院「教育勅語失効排除」決議

七・一五　教育委員会法公布
一一・一　都道府県、五大市及び任意設置の市町村教育委員会発足
昭和二四年
五・三一　教育職員免許法公布
六・一〇　社会教育法公布
一二・一五　私立学校法公布
昭和二五年
四・三〇　図書館法公布
昭和二六年
六・一一　産業教育振興法公布
九・八　対日平和条約、日米安全保障条約調印

第II部　教育の荒廃を憂う

第一章　なぜ教育は荒廃するのか

一　物質文明の欠陥と民主主義のゆがみ

数年前から、それまで予想もしなかった校内暴力、家庭内暴力、登校拒否やその他いろいろの青少年非行、さらには、落ちこぼれ、いじめ問題など深刻な現象が発生し、教育の荒廃が、大きな社会問題、政治問題となってクローズアップされるに至りました。

しかし、この現象は、日本だけでなく、程度の差はあっても、先進国に共通にみられ、特に、校内暴力世界一のアメリカでは、最も深刻です。

一九八四年、アメリカの教育、司法両省と予算管理局が、『教育の混乱――米国教育の敵』と題する報告を、ホワイトハウスに提出しましたが、それによると、全米の小、中、高校で、毎月平均約千人の先生が、生徒に暴行されて治療を受けています。

生徒のほうも、中、高生だけに限っても、毎月二八万二千人が殴られ、教室で盗難に遭う生徒は、月平均二百四〇万人に達するといいます。

アメリカなどでも、昔からそうであったのではなく、ここ、数十年来のことで、いずれも、急速な科学技術の進歩により、産業が盛んとなって豊富な物質に恵まれるようになって以来のことです。

ユダヤには、昔から、「物が豊かになれば心が痩せる」ということわざがあり、日本でも「家貧しくして孝子出《い》ず」という言葉もあります。

金持ちの家の子どもより、貧乏人の子の方が、心が優しく、親を大切にし、兄弟助け合います。親兄弟が、いがみ合い、醜い肉親争いをするのは、ほとんどが、金や物などの財産争いが原因です。

「金は、魔物だ」といいますが、人間は、ひとたび金や物に心を奪われ、欲望に眩惑されると、大切な心を失い、倫理観念を低下させるのです。

アメリカをはじめとする物質文明の発達した近代国家において、心身を病む、いわゆる文明病患者が増え、凶悪犯罪、家庭崩壊、校内暴力、青少年非行など急増しているのも、このことと無縁ではないでしょう。

日本も、戦後、驚異的な経済発展をとげ、先進国の仲間入りをするようになってから、次第に、科学技術至上、物質万能の思想が、強く支配するようになって、精神的価値を軽視する傾向が生じ、正直な真面目な人間よりも、金儲けの上手な人間が尊重される風潮に変わってきました。

金を手っとり早く手に入れるためには、返済のあてがなくても、サラ金から借金をします。それを返すために、銀行強盗をしたり、肉親に保険をかけて、殺し屋を頼んで殺させます。金のために、関係のない人を殺すことを引き受ける人間などは、ついこの間までは、考えられなかったことです。

昭和六二年版『犯罪白書』によれば、窃盗、強盗事件が年々増加し、犯罪数増加は、戦後最高で、しかも、前科のない者、女性、少年などの犯罪者の率が上昇し、犯罪非行の一般化現象が窺われ、犯罪に対する耐性が、全般的に低下していることを示しています。日本青少年研究所の「小学生意識調査」でも、人の物を盗むこと、嘘をつくこと、について、三人に一人は、悪の意識がないという驚くべき結果が出ています。

ところで、戦後のアメリカの占領政策は、日本を民主化することにありましたから、政治、経済、教育その他すべてにわたって、その目的に沿うような改革が行われました。以来、日本は、アメリカを偉大な国として畏敬し、羨望し、手本として学んできました。

その結果、日本は、アメリカの縮図となり、アメリカの風俗はもとより、思想、風潮に至るまでが、数年後には、そっくり、日本に再現されています。かつてのグリコ森永事件も、同じような事件がアメリカでその二年前に起きていますし、その他連続殺人事件、覚醒剤犯罪など、欧米型の凶悪犯罪も最近目立つようになりました。

かつては、日本が模範とし、世界に君臨してきたアメリカは、次第に、過去の栄光が色あせ、夜の歓楽街のように、表面の華やかさの陰に頽廃と犯罪がうごめき、治安も悪くなっています。物質的豊かさと裏腹に、ミー・ゼネレーションといわれる限りない自己中心の欲望肥大の人びとが増え、国全体が精神的危機に瀕しているのです。

思うに、これは、物質的豊かさによる精神の喪失と、民主主義思想の欠陥とが複合して増幅した結果もたらされたものではないでしょうか。

民主主義は、個人を主体とする思想ですが、その起源は遠く紀元前のギリシヤの昔にさかのぼります。従って、ヨーロッパでは、長い歴史の中で個を確立し、民主主義を維持するためには、個人の権利とともに責任や義務が必要であり、相手を尊重する精神がなければならぬことを、自然に学び身につけ、法律も、その目的で作られてきたはずです。

しかし、個人を確立しようとすればするほど、他人を許容する余地が少なくなり、自己主張は、利己主義に陥りやすいものです。そして、人間の欲望は、他の動物と異なり際限がなく、そのためには、他人を犠牲にしてもかえりみないのです。

アメリカの社会学者、ヤンケロビッチ教授は、

「最近のアメリカ社会は、異常なまでに個人に執着しているが、それは、個人ひいては、アメリカを、いきづまりに追いこんでいる」

と指摘し、個人を社会の中にコミットさせる新しい調和を図るために、「取る」だけでなく「与える」ことの大切さを教えなければならなぬ、と強調しています。

戦後、日本の教育は、アメリカの占領政策に基づき、民主主義教育に改められましたが、当初は、その精神が十分理解できず、混乱がありました。

それから四〇年後の今日も、経験が乏しく思想も未熟で、正しい判断ができない子どもにも、大人なみの人格と自主性を認め、自己主張をさせるのが正しい、と考える教師たちが少なくありません。

が、小学生に、「君たちは、自分を第一に考えなければならない。たとえ、親や大人のいうことでも、君たちが判断し納得がいかなければ従わなくてもいい」と教える先生は、子どもを害《そこな》

うだけでなく自ら教師の立場を放棄しています。自分の気に入らないことは、聞かなくてもいいと理解して育った子どもたちは、教師の正しい教えも気に入らなければ聞く必要がないと考えるようになるからです。

また、「個人の尊重」は、平等でなければならぬと考え、個人の相違を認めることは誤りであるとする教師たちもいます。

数年前、音楽の点数を、オール3にした東京の中学校の先生や、指導要録に点数を記入するのを拒否した横浜の小学校の先生たちは、その極端な例です。

臨教審の委員を務めた小説家の曽野綾子氏は、自分の子どもが小学生の時、先生から裏表があると注意されましたが、その理由は、他の子どもは、子ども同士の言葉や態度が、先生に対するものと同じだが、お宅の子は違っている、というのでした。彼女は、それは、裏表であるとは思わない。友人と先生は違うから対応を変えるのは当然だ、と反駁したといいます。

人間は十人十色で決して平等ではありません。それに、人間の尊重と人間の平等とは同一ではなく両者は異なる範疇に属するものです。

現実に違いのある、親と子、大人と子ども、老若男女、さらに、先天的能力、後天的経験などの差を一切認めずに、形式的、観念的な平等観をもって現実に対応するところに戦後教育の混乱があります。

戦後、子どもが、大人や先生と親密になったのはいいのですが、対等になってけじめがなく大人を尊敬せず、恐れなくなったのは決していいことではありません。

それに、平等思想をおし進めていくと、環境決定論に落ちつきます。

人間が平等であれば、差の出るのは、本人のせいでなく、他の条件によるものだということになるからです。成績の悪いのは、教え方が悪い、非行になるのは家庭が悪い、社会が悪い、はては政治が悪い、というように、すべて本人以外に原因があり、結局は、自分に責任はないことになります。

暴力中学生の言い分を聞いても、「分かるように教えてくれない先生が悪い」「注意の仕方が癪にさわる」と自分の非を棚にあげて暴れています。

その上、マスコミや評論家たちは、「こうした生徒の気持ちをよく理解しようとする先生の熱意が足りない」などと彼らを煽《おだ》てるから、ますますいい気になっています。

要するに、子どもたちが、平等だと煽てられ、自主性尊重だと甘やかされ、わがままに育てられては、本当の自分を知らずに、独りよがりの独善的な身勝手な人間になるのです。

その上、逆境に立った時、それに耐え、困難を克服する「忍耐力」や、将来の目標を立て、それに立ち向かう「意欲」が養われないから、目先のことしか考えず、感情のおもむくままに、攻撃的、暴力的行動をしたり、あるいは、簡単に、挫折して衝動的に自殺する人間にもなるのです。

現在の教育荒廃の原因を追究すると、結局こうした根源的なものにつき当たります。

つまり、教育の荒廃は、物質文明社会の精神的欠陥と戦後民主主義教育のゆがみから生じたものといっても過言ではありません。

二　制度改革より意識改革が重要

教育の荒廃を憂え、教育を改革しなければという点では、世論は一致していて、社会問題や政治問題となり、そのための臨時教育審議会も発足し、審議が進められています。

しかし、その方法については、それぞれの立場、思想等の相違から必ずしも一致しません。審議会内部ですら問題によっては、委員間に意見の対立もみられるくらいです。

一般に、教育をゆがめ荒廃させた元凶は、受験体制であるから、先ずこの改革が第一だという意見は、かなり多いのです。

それには、入試制度の改善を筆頭に、六・三制を改め、中高を一本化して高校入試をなくする、あるいは、高校を義務制同様の小学区制にして、無競争にすべきだ、などといろいろの意見があります。

しかし、入学試験がなく、連邦全体で全入が実施されているアメリカの高校は、世界で最も激しい校内暴力があり、入学後、怠学、非行、妊娠などの理由で三〇％が中途退学しています。

この事実からも、ただ入試をなくするだけで、教育がよくなるという保証はありません。それに、日本では、受験体制の背後に、学閥主義や学歴偏重という特殊な社会事情が存在しますから、ことは単純ではありません。

戦前（昭和一六年）の統計によると、尋常小学校（義務教育）卒業者中、中等学校への進学者は、一五％で、七五％が高等小学校か青年学校へ、全然進学しない者が一〇％でした。

それが、今日では、高校へ九四％、大学へは三七％が進学しています。（ちなみに、アメリカでは、大学進学率は二五％ですが、大学教育に適合し、耐えうるのは、同一年齢層の一五％であろうとは、アメリカ教育学者の実証的理論です）

戦前の義務教育以上の進学は、本人に能力や希望があっても、家庭の経済事情によって左右されましたから、親の許可を得て、やっとかなえられるのが、普通の状態でした。

ところが、今日では事情が一変し、本人よりも親の方が熱心で、本人がいやがるのに、小さい時から塾だ、テストだと勉強を強い、進学に駆りたてます。それも、子どもの能力、適性を無視して、親の希望する特定の学校へ進学させようとしますから、競争は過熱し、弊害も大きくなっていくのです。

テレビで「おしん」が、学校へ入って勉強したいのをガマンして、子守をしながら、教室の外から授業をのぞいて字を覚えているシーンに感激した親が、子どもに「見習え」といいましたところ、子どもは、「自分もおしんと同じだ。勉強したくないのをガマンして、教室で授業を受けながら窓から外を眺めている」といったという話があります。

親と子の意識は、昔とは逆転しているのです。こうした状況の下では、どのように受験制度を教育的立場から改善しても、実際の効果はあまり期待できません。

教育界ほど、多くの論議が行われ、建て前と本音が違い、総論賛成・各論反対の顕著な世界は珍しいのです。

受験制度だけでなく、小学区制やゆとり教育についても、自分の立場になると、平素の主張と全く違う態度を示す知識人も少なくありません。いつか、高校入試制度改善会議の席上で、高校格差廃止が先決だ、と強硬に主張した評論家がいましたが、会議終了直後に、その人から自分の子どもを某有名校に是非入学させたいと相談を受けて驚いた経験があります。

かつて、全国的に注目を浴びた、東京都の高校入試制度改善の学校群制度も一〇年で元へ戻りましたし、近くは、大学入試地獄解消のための国公立大学共通一次試験制度も期待が外れ、受験産業や偏差値教育を生むなどの新たな弊害が出て混乱しています。

先般行われたＮＨＫの調査によれば、国民が教育改革によせる第一希望は、つめこみ教育の改善（次は道徳教育重視）でしたが、これとても同様で、数年前に、その改善の目的で授業時間数を減じて実施された「ゆとりの教育」が一向に効果がなかったばかりか、結局は、塾を繁昌させるという皮肉な結果に終わったのは周知の通りです。

教育改革は、教育の危機が先走りして、早急に対策をうち出しても、統制可能な全体主義国家が、権力をもって実施できるのとは違い、自由主義国家においては、国民の支持と強力がなければ実現できません。それに、本来、教育においては、その性格上、新薬のような即効や、ドラスチックな改革による効果を期待すべきではないのです。

教育改革は、迂遠ではあっても、全体の理解と協力を得ながら、時間をかけ、徐々に改善を重ねていくよりほかはないのではないでしょうか。

従って、教育改革にあたっては、問題の原因を（学校だけでなく、広く家庭、社会にわたって）分析し、それに対して、どのような改革が必要なのかを検討し、その上で、教育関係者はもちろん、両親を含む国民全体の理解を深め、改革の道を開いていくことが、きわめて重要です。

教育の荒廃は、いわば、一つの社会現象ともいえますから、その改善には、制度の改革も必要ですが、その根源を正さない限り、抜本的な解決にはなりません。

極言すれば、教師をはじめとした、国民の多数の意識改革が行われれば、教育改革の目的は、自然に達成される、といえるかもしれないのです。

第二章　偏差値教育の弊害

一　〝凡庸主義〟の波

去る一九八三年、アメリカの教育審議会は、「危機に立つ国家」(A Nation At Risk)という表題の報告書をベル教育省長官に提出、アメリカの優位が、今や世界中で多くの競争者に奪われようとしている危機に直面しているとし、

「われわれの教育の基礎は、次第に高まりつつある凡庸主義の波によって浸蝕されつつある。これは、国家と国民の将来に対する脅威である。一世代前までは想像もできなかったことが起こっているのだ」

と、教育の現状を列挙して、教育内容、教育基準と教育期待、時間配当、教員指導と財政援助の五つの面にわたって改革の提言を行いました。

その中で、一七歳の約一三%が機能的文盲(日常生活に必要な程度の読解力を持っていない)であり、特に少数民族の青年層では、これが四〇%にも及んでいることを挙げています。

たしかに、近年、アメリカにおける文盲の増加は著しく、既に、この報告書が提出される数年前(一九七八年)にも、「やがては、高校卒業生の四割から六割が単純な事務員として必要な諸能力を欠くことになるだろう」という論議が米上院で行われていたといいます。

また、フランスの教育心理学者エブラール教授は、「フランスでは、文字を読めないまま義務教育を終える者が多く、街頭の簡単な広告や掲示は読めても細部になると分からないというのが国民の半数を占める」と、驚くべき事実を発表しています。

二　増加する塾通い

これら先進諸国に比べ、日本では、義務教育就学率一〇〇%、高校進学率九〇%以上であり、文盲はほとんどなく、子どもの学力は国際比較調査でも上位を占める優秀さです。

いつか、東南アジアからやってきた教育関係者が文部省を訪れた時、開口一番、係官に発し

たのは、

「いま、文部省前の地下鉄入口で、靴磨きのおばさんが新聞を読んでいた」

という驚嘆の言葉だったということです。

日本の教育がこのように発達したのは、それなりの理由があります。

日本では義務教育を制度化したのは、明治維新のことでしたが、当時、既に室町時代に始まり江戸時代に普及した庶民教育機関としての寺子屋がありました。多くの親たちは、そこへ生活に必要な「読み、書き、そろばん（計算）」を身につけさせるために子どもを通わせていたのです。


現在、問題になっている〝校内のいじめ〟は、すでに寺子屋においても存在しました。そのために登校拒否の子供が増えた、とか、「お前が過保護に育てたせいだ」と、父親が母親をどなりつけて塾へ行かせる話や、寺子屋の師匠（教師）に、「子どもがいじめられているから、監視して庇《かば》ってほしい」と頼む話など、今と変わらぬ状況が、江戸文学の本からうかがわれます。日本の教育は、この土壌の上に育って、今日に引き継がれているのです。

外国人が感嘆するように、日本人の教育熱心は定評がありますが、実際に家庭の話題のトップは「子どもの教育について」で、五二％を占め、しつけ、健康、趣味などをはるかに上回っ

ています。(NHK調査)

教育熱心のおもむくところは、学校だけで満足せず、さらに塾へも通わせて勉強させる過熱現象を生み出しています。

一般に、塾は弊害があるとして、特に学校側からの風当たりは強いのですが、塾は、寺子屋の流れをくむ日本特有の存在ですから必ずしも全面否定するわけにもいきません。

塾の価値を高く評価する教育学者もあり、多くの子どもたちも「塾の先生の方が親切で分かりやすく教えてくれるし、遊んでくれる。学校より楽しい」などと満足している、という調査結果もあります。

先年、日本の文部大臣が訪米した際、アメリカの文部大臣が、日本で私塾が有効に機能し教育効果を挙げていることに感銘し、羨望したといわれます。

たしかに、「学校と塾の二重教育構造」は、日本の子どもたちの学力を増進し、世界屈指のレベルまで高めました。が、年々の塾の膨張は、文部省幹部が、〝学校教育にとっての危険信号〟と発言するほど学校教育の存立を危くし、子どもに好ましからぬ影響を与えるようになっています。

昭和六一年文部省が発表した(六〇年六月現在)調査結果によると、学習塾は全国で三万六千です。学習塾に通っている小学生は一六・五％、中学生は四四・五％で、前回調査（五一年）に比べてそれぞれ四・五ポイント、六・五ポイント上昇し、小中全体では六・一ポイントアップです。この結果、通塾者は小学生一八〇万人、中学生二七〇万人と推計しています。

通塾率を学年別にみると、小学生では一年生六・二％なのに対し、六年生は二九・六％。中学生も一年生が四一・八％なのに対し三年生は四七・三％と、学年が進むほど高くなっています。

これを前回調査と比較すると、小学生は二、三年生がそれぞれ五・三ポイント、五・四ポイントもアップしていて、塾通いの低年齢化を裏付けているほか、中学生では一年生が三・九ポイント上昇なのに三年生は九・九ポイントと急上昇しており、受験対策の色彩を強めています。

小中学生を合わせた通塾率を都道府県別にみますと、トップの東京が三八・六％、最低の岩手が六・九％です。前回調査では、三〇％台は東京だけでしたが、今回は一二都道府県に増え、一けた台は七県から四県に減りました。（神奈川は三四・四％で首都圏では東京に次ぐ）

なお、塾に支払った経費は、月当たり平均小学生七八〇〇円、中学生一万二〇〇〇円で、前回調査に比べると小学生は一・五倍、中学生は二・〇倍で、小中の平均額は九二〇〇円です。塾全体の年商は単純計算で約五千億円に上ります。

それはともかく、日本の教育の普及と国民の識字率の高いことは、中曽根元総理の〝日本国民の知的水準の高さ〟の舌禍《ぜっか》にかかわらず、たしかに世界でも群を抜いているのです。

三　子どもを駆り立てる教育ママたち

戦後、日本が、驚異的な復興発展をとげたのは、科学技術工業の急速な発達によるものですが、それを可能にしたのは、「日本国民の高い教育水準」にあったことは内外の識者がひとしく認めるところです。

しかし、そうかといって、現在の日本の教育が完璧で満足すべき状態にあるなどと手離しで喜んではいられません。光が明るければ、それだけ影も濃くなるように、すべての長所はまた短所につながります。日本の学力重視の教育にも、今や大きな影が落ちかかっているのです。

日本の多くの親たち（特に母親）は、子どもがまだ小学校の低学年のうちから、学業成績（点数）ばかりを気にして、他のことは何もしなくていいから、いい点をとるようにと、苛酷なほど、勉強一途に駆りたて、世界的に悪名高い〝教育ママ〟ぶりを発揮しています。

しかも、その最大の目的とするところが、いい学校（進学や就職に有利な学校）へ進学させることにあるところに最大の問題があります。

近ごろの子どもに、ノイローゼや、胃潰瘍、高血圧、心臓病、糖尿病などの成人病が見られるのは、こうしたストレスや運動不足が原因とされています。

この親たちの異常な教育意識は、自然に学校にも大きな影響を与え、学校教育も、次第に、数値的な点数主義、テスト志向教育へと転落しつつあります。

その結果、学校教育は、数値として把握し難い理解力や創造力よりも、記憶力を重視するつめこみ教育に陥っています。

前述のように、日本の子どもの学力は、国際的にも上位にありますが、思考を要するものは外国の子どもに劣ります。数学の計算能力や、理科の記憶を必要とするものには非常に勝れていますが、応用問題を解く力は弱いのです。

昭和六二年、日本人として初めて、ノーベル医学生理学賞を受けた、マサチューセッツ工科大学利根川進教授は、高校（日比谷）時代の担任によれば、成績は、トップクラスでなく、クラブ活動もする普通の生徒で、京大入試にも失敗し、浪人してから入学したといいます。

彼は、五九年文化勲章受章のため一時帰国した際、ＮＨＫニュースワイドで、

「こういうことをいっちゃ語弊があるかもしれないけれど、よくできない子の方が全体的なスケールとして大きくなるのではないでしょうか。特に僕らの関係しているような実験生物学者は、いわゆる非常に頭がよく何でもできる人は向かないです」

と、いっています。

一九八七年のフランスのバカロレア（大学入学資格試験）の問題の中に、

「物体を測ることは、これを知ることになるか」

「ある理論が科学的であることは何によって識別できるか」

「芸術には、必然的に宗教性が存在するか」

などの出題がありましたが、これらは、日本の共通一次試験問題とは違い、物事を深く理解し、自分の思考をまとめ表現する力がなければ答案を書くことはできないのです。

四　偏差値教育という怪物

日本の点数主義教育は、今や、偏差値教育という恐るべき怪物まで生み出し、教育界だけでなく社会的にも大きな害毒を流しています。

財団法人日本青少年研究所がまとめた「日米高校生の比較調査」がありますが、その中で最も対照的なのは、

「両親はあなたのことを自慢に思っているか」の質問に、

「はい」の答えが　アメリカ　八六・〇％
　　　　　　　　　日本　四六・三％

「いいえ」の答えが　アメリカ　四・九％
　　　　　　　　　　日本　五〇・八％

と大きな違いを示していることです。

この相違は、次のことから、明らかに学業成績と関連していることが分かります。

日本の高校生で、「はい」と答えたのは、成績上位者ほど多く約七〇％を占め、下位では三〇％にも満たないのです。また、学校では、有名私立普通科に多く農業科や工業科に割合が少なくなっています。

周知のように、日本の高校には、大きな格差があり、ほとんどの高校生は、中学校段階で偏差値による厳密な輪切りの振り分けを経てきています。そして、将来大学入試の際に、再び共

通一次試験で偏差値の洗礼を受けなければなりません。彼らには偏差値が身に沁みているのです。そのため、偏差値が低くて親の期待に添えなかった高校生は、初めから自分を親が自慢しているはずはないと思いこんでいるのではないでしょうか。

たしかに、日本の親たちは、子どもが小さいうちから、学業成績を過大に重視し、そのために学業成績の価値をそれ以外のすべてに優先して評価する傾向があります。それが、子どもに反映して学業成績の価値を絶対視させ、ついに人間の価値基準とまで思いこませるに至ったのではないでしょうか。

事実、親自身にも、程度の差こそあれ、この意識が強く存在することは否定できません。

五　ジョン・デューイと福沢諭吉の違い

人間は、十人十色で個性が違い、能力も個々の分野において優劣があります。教科にも得手不得手があり、それが偏差値となって表れるのは当然です。

生まれつきの音痴があるように、いくら努力しても、いい環境を与えても、ある教科が嫌いで、できない子は必ずいるものです。ある程度までは向上しても、それ以上は、個人の限界があるのはやむを得ません。

従って、出来るだけ早く子どものうちからそれを見極め、それに対応した教育をなすべきなのに、その差を認めるのは、個人の差別で個性尊重や民主主義に反する、という考えを持つ教師も多いのです。

この考えは、戦後、アメリカが日本の教育改革にあたっての拠《よ》り所としたジョン・デューイの思想に強く影響を受けています。

彼は、教育の中心は教師や教科書ではなく子どもであり、子どもが太陽になって教育上の施設設備はその周囲を回転すべきだ、とする、徹底した子ども尊重の立場に立っているからです。

また、「無限の可能性」という言葉が戦後よく使われてきましたが、これは一八世紀のヨーロッパの啓蒙思想家たちが好んで使ったことばで、子どもの素質に重点をおく環境主義、教育万能主義の思想です。

しかし、実際には、無限などということはあり得ませんし、可能性といっても必ずしもよくなるとは限らず、悪くなる可能性もあります。

ノーベル賞受賞のローレンツ（動物行動学者）がいうように、「人間は、受胎した瞬間から不平等である。これを認めることを反民主主義だとか、差別だとかいって非難するのは事実に反する」のです。

人間には、それぞれ持って生まれた素質があります。それを認めずに一様に取扱うのは本人にとっても不幸です。

福沢諭吉は、

「人の能力には、天賦遺伝の際限ありてそれ以上に上るべからず」

「教育の要は、人間の本来に無きものを作りてこれに授くるに非ず。ただ有るものを悉く皆発生せしめて遺すことなきにあるのみ」

「いわゆる常識をそなえて平生の心掛け迂闊ならざれば、世を渡ること甚だやすし。一文字を知らぬ人にして立派に身を立つるものさえなきにあらず」(『福翁百話』)

と、述べています。

『学問のすすめ』を説く彼が、教育を軽視するはずはありませんが、当時の、教育に過剰な期待を寄せる風潮を警告したものでありましょう。

高校生で教育内容を十分理解できるのは平均三割ぐらいしかいないだろう、といわれる今日、改めて吟味すべき言葉です。

六　学業成績がすべてではない

それにもかかわらず、単に教科に適していないか、できないかというだけで、「落伍者」を意味する「おちこぼれ」という言葉を使うのは適切を欠いています。

それに比べると「お客様」といった昔の方がよほど人間味があります。

繰り返していいますが、人間の価値は、決して学業成績だけで決まるものではありません。かの世界的に有名な、ペスタロッチもピカソも数学の劣等生でしたし、トルストイも劣等生でした。が、彼らは、決して落ちこぼれではなく世界的に優れた人物なのです。

知能テストや学力テストについて数学者の遠山啓《ひらく》氏はこういいます。

学力テストに強い人間は、

①一定の枠の中での思考にたけている

②頭の回転が早い

③誤りを犯さない用心深さがある

これに対して独創的な型の人間は、

①既成の枠をのり越える

②時間に構わず徹底的に考える

③誤りを恐れない

つまり、独創性型は、テスト体制では優等生になれず、点取りのうまい優等生には独創性が少ないということです。

アインシュタインは、幼時から知恵遅れと誤解され、チューリッヒ工科大学への入試も動植物学で失敗し、「学校は、私から学ぶ喜びを失った」と嘆きましたが、それは、彼の思考発想が独創的で一般の枠からはみ出していたからです。しかし、彼は後に、「相対性理論」を創始し、世界的な理論物理学者となったのです。

およそ、数値として測定できる知能や学力にしても、その全部ではありません。まして、人間の重要資質である愛情や真、善、美などの感性に至っては数値で測定することは不可能です。従って、学力評価のよしあしは、教育評価の上で重要な基準ではあっても、それが直ちに人間の評価や社会人としての評価と一致するものではありません。

学校で数学ができなくても、社会へ出てから商売上手で、数学のできた子よりも遥かに成功していう例も少なくありませんし、幼時から秀才といわれ、試験を優れた成績で通した人間が、社会へ出て必ず尊敬を受け、信望があるとは限らないのです。

人間には、長所もあり短所もあり、それぞれの素質や個性も違いますから、それに応じた生き方をするのが大切です。それが幸福な人生であるはずです。

七　教育の目的は人格の完成をめざすこと

昭和六二年六月、国立がんセンター勤務医（三四歳）が、看護婦（二四歳）を殺害し、旅行バッグに詰めて海中へ遺棄した事件（死体発覚後自殺）がありましたが、彼は学業成績は常にトップで、現役で東大へ入学したエリートでした。

が、性格は、極めて自己中心で私生活も、妻子がありながら一五人の看護婦と関係を持ち、殺害後も別の女性と同棲し、旅行するなどの乱脈ぶりだったということです。

また、いつか、新聞に、鹿児島市の一五歳の少年が司法試験の一次に合格した、という記事が載っていましたが、この少年は、小学校六年間在籍したものの四年間は登校せず、歌は「君が代」だけしか知らず、ピンクレディは歴史上の人物だと答えたといいます。

世の中には、何度国家試験を受けても失敗する大学出の青年は数え切れないほど多くいます。

しかし、彼らは、この医師や少年に劣っているとはいえないし、まして、どちらが人生のおちこぼれかは、にわかに断定することは出来ません。

言うまでもなく、教育は、人格の完成をめざして知識や教養を高めるのが目的であって、就職や出世はその結果にすぎません。

ところが、残念なことに、今や、日本の教育は、その目的を逸脱して手段となっているばかりでなく、知能指数や偏差値の偏重によって自己中心的な協調心不足、また創造力や探究心不足の人間を作り出しています。

このような風潮は、明らかに異常であり、教育の根源にふれる問題として、すべてに優先して改められなければならない重要課題です。

第三章　管理教育を疑う――校則はこのままでいいのか――

一　〝がんじがらめ〟に生徒を縛る

学校には、法律で義務づけられた学則があり、それには、賞罰事項も含まれていますが、これは、原則的な大まかなもので、実際の生活指導は、学校ごとにつくられる校則（生徒心得）に基づいて運営されています。

従って、校則の内容は学校によって千差万別で、大きな幅があるのが普通です。

ところが、昭和四〇年代の激しい大学、高校紛争の余波が、五〇年代にかけて、全国の中学校に打ち寄せ、非行や異常な校内暴力が各地に発生するに伴い、それに対応して、その鎮静あるいは予防のため、校則を細かく定め、それに基づいて生徒指導を強化する学校が相次ぎました。

その結果、管理のための規則、規則遵守《じゅんしゅ》のための取り締まり、その逸脱への罰則（体罰）という生徒指導のパターンが一般化し、規則のひとり歩きが目立つようになり、いまや、管理体制教育は、社会問題として喧伝され、国会で取りあげられるまでに至りました。

中には、修学旅行中に、禁止したヘアドライヤーを持参したとして、教師から体罰を受けた高校生が旅館で死亡したり、規則に違反して黒色の靴下をはいてきた女生徒をベランダに正座させた教師が、校長に注意されて自殺したり、規則の強制による生徒の反抗だけでなく、規則を作った教師たちまで自縄自縛の犠牲になる現象も発生しています。

NHKや日本弁護士連合会は、全国から校則を収集していますが、その中には、首を傾《かし》げたくなるような例も少なくありません。

例えば、登下校については、

「女生徒のスカートを禁止し、白いトレパンを着用」させたり、「ヘルメット着用を義務づける」学校もあり、「毎日通学する道順を決める」や「通学路は、多少遠回りでも安全な道路を選び、特別な事情のない限り変えてはならない（特別な事情とは、雨天の場合、通学状態が変わった場合、通学方法を変える場合、仕事を頼まれた場合）」という例もあります。また、「正しい歩行で登校しましょう」「鞄を正しく短く提げる」「夢中で話し等をして、ぼんやりしない」「歩行中雑談などしてはならない」「通学の途中は言動をつつしみ」「友達と並んで歩いてはいけない」などと定めた例もあります。

授業中についても、「挙手は、ひじと指先を伸ばし、右手を挙げるようにしよう」「右腕を約七〇度前に挙げ、五指を揃えて、掌《てのひら》を前に向ける」と細かく定めている学校もあります。千葉県のある中学校では、男子は丸刈り、靴下の色は白、膝までかかるロングは駄目です。鞄は男女別々で、男子が肩からかける布鞄、女子が革の手提げです。登校用の靴も男女別々、男子は白の運動靴で模様つきは駄目、女子は黒の革靴です。学校内では同色のトレパン着用を義務づけています。

ＮＨＫが特殊な例として放映した中に、掃除中、一切私語をさせないために、終始「ワッショ、ワッショ」と掛け声をかけながら作業している中学生や、廊下を全員が手を後に組んで歩いている小学生たちの異様な情景がありましたが、これらの特例は別としても、一般に校則が厳しくなっているのは事実らしいのです。

昭和六一年二月一三日、当時の臨時教育審議会天谷直弘第一部会長と有田一寿第三部会長ら五人の委員、専門委員が、全国有数の大規模校（二一四五人）である横浜市戸塚中学校を視察しましたが、視察後、天谷氏は、

「学校で、生徒手帳を見せてもらったが、箸の上げ下ろしまでというほどに細かく書かれていた。ここの中学校だけというのではないが、ここまでしないと秩序が保てないのかと考えると背筋が寒くなるような感じがした」

と、感想を述べています。

多くの学校の校則には、頭髪、服装、授業の受け方、トイレの使用法、登下校はもとより休日の過ごし方に至るまで細かく定められ、多い学校では三百項目もあるといいます。

これほど細かく定めて規制しないと教育はできないのかという疑問を抱くのは、ひとり天谷氏だけではないでしょう。

二　校則のあるべき姿とは？

評論家たちは、口を揃えて、「校則を定め、強制するのは管理体制の強化で教育ではない。校則は学校が作るべきものでなく、生徒自身の力で必要最小限の自治的規律を作りあげるべきものだ。あるいは、生徒および父兄の納得の下に、生徒が進んで守るべきものでなければならぬ」

などと論じています。

人間は、学校の生徒に限らず、誰しも、自分の生活を規則で拘束されることは好みません。個人にとって規則は出来ればないにこしたことはないのです。

が、集団生活を営むうえには、ある種のきまりはどうしても必要ですから、未熟な子どもに対しては、たとえ本人が好まなくても、将来のために基本的な規範は身につけさせる必要があります。

特に、最近のように、兄弟が少なく、過保護に育ち自分勝手なわがままな子どもたちにとって、著しく欠けている耐性を養うためにも、学校生活において規則に基づいて恣意《しい》を抑え、ルールに従う訓練をすることは必要で有効適切な教育方法といえます。

ヘーゲルは、『法哲学』の中で、「〝理由を示さず〟厳しく子供に体罰を加えよ」と説いています。

それは、理由を示し説明すれば、自分に納得がいかなければ服従する気持ちがなくなる。そして、各人の主観的な納得の理由づけが互に衝突するようになれば、公的な秩序が弱体化し解体するおそれがあるというのです。

たしかに、「きまり」の理解力は、子どもの発達段階によって差があり、中には説明できないものや、理解を得るには困難なものもありますから、ある程度の強制もやむを得ません。いずれにしても、教育は、期せずして行われるものでなく、ある種の拘束や強制を伴うものですから、その意味においては、管理のない教育はありえないのです。

ましして、多数の生徒を対象とする教育機関である学校が、規則を必要として作るのは、当然であって、それを教育でないと考えるのは、実情を無視した、空理空論にすぎません。

先日テレビで、新設以来、校則がなかった自由な学校が紹介されていました。最初のうちは、職員と生徒が信頼関係の下で話合いながらうまくやっていましたが、次第に生徒数が増加し、新しく転任してきた職員も戸惑い、教師の指導も不統一になって混乱してきたので、やはり、何らかの校則を定めなければならなくなったとその経緯を報告していました。

新設校には歴史がないだけに、校則を厳しくも、緩くも出来ますが、いずれも、極端にすると失敗します。過ぎたるは及ばざるがごとしです。最初から、規則は定めず、自由奔放にしたために収拾がつかない混乱状態に陥り、正常化するのに長年月を要した学校の実例も少なくありません。

三　日米露における服装と頭髪の規制

アメリカのように、憲法的自由が高度に保護されている国でも（学校が生徒に絶対的権限を持っていないにもかかわらず）、学校の管理運営に直接かかわる生徒の行動については、学校当局はこれを規制することができるとされています。

その中で、学校以外の生活にも影響し、個人の自由や権利とも関連する「服装」や「頭髪」はどうなのか、関心のあるところですが、判例法主義のアメリカの裁判所の次の判例（神奈川県立教育センター資料）が示す通り、アメリカの学校でも意外に強い規制が行われています。

服　装

「学校当局は、その監督下にある生徒の行動を管理する合理的な規則を作ることができるという一般原則に従って、生徒の着用する服装の種類を規定できるし、生徒の個人的外見に関して合理的な規則を作ることができると一般的にいえる」（アーカンソー州）

「ハイスクールにおける農業科の生徒は、登校の場合および学校から五マイル以内の公の場所を訪れる場合には、カーキ色の制服を着用しなければならないという規則は、権限を超えたものではなく法外でもなく無効でもない」（ミシシッピー州）

「おしろい、化粧品の使用、すけている靴下の着用、えりぐりの大きい服の着用あるいは下品な傾向のあるスタイルの衣服の着用を禁止できる」（アーカンソー州）

頭　髪（ヘアスタイル）

「妥当な長さに髪を切ることを要求する公立ハイスクールの学校規則は、その規則が、学校の正常な運営と合理的な関係を有する限り、生徒が家庭内にあり親の排他的監督権に服している間の問題である〝家庭内プライバシー〟を侵害するものであるという理由で無効とはならない」

「生徒が、自分の思想や信念を表わす手段として、あるいは言論の象徴的表現の手段として髪を長くしたいという証拠がなく、ただ個人的好みの問題である場合には、連邦憲法修正第一条（言論の自由）の問題は起きない」

「男生徒が、自分の所属している音楽グループの人気を高める目的で長髪をしているのであって、思想とか見解の表現としてではない場合は、純粋に商業目的で長髪をするのであり、連邦憲法修正第一条の保障する言論の自由によって保護されない」

「髪の長さや体裁のために生徒が授業に出ることを禁止する公立学校規則は、不合理だから無効であるとはいえない。また、学校の効果的運営に関係がないから独断的であるともいえない。何故ならば、生徒の普通でないヘアスタイルは他の生徒の気を散らす結果となり、適切な教室の雰囲気、すなわち気品ある態度を維持することを崩し、また妨げるものだからである」（マサチューセッツ州）

また、かつて、モスクワ第五四六小学校の校長で著名な家庭教育専門家テ・エス・パンヒーロワの著書に次の言葉がありますが、これは、学校の規則が、旧ソ連国内で重要視されていたことを示すものとして興味深いものです。

「学齢期の子どもの道徳規準は〝生徒規則〟の中に述べられている。そこには生徒の学習に対する態度、学校財産に対する態度、年長者や子どもや老人に対する態度が具体的に示されている。学校や家庭や一般社会において生徒のとるべき態度も〝生徒規則〟に示されている。父母はこの規則を知り、その無条件の実施を子どもに要求すべきである。このような条件の下においてのみ、子どもたちは生徒としてとるべき態度を身につけるのだ」（『生徒の家庭教育』）

ところで、神奈川県教職員組合が校則について調査した結果（昭和六二年六月発表）によれば、校則が必要ないと考えるのは、教師、父母、生徒とも一〇%以下ですが、現行の校則を適当と考えるのは、教師五一・九%、父母五四・五%で、中学生は三〇・二%にすぎません。

一方、現行の校則は「煩雑《はんざつ》で細かすぎる」「現代に適していない」として、特に頭髪、服装、所持品に関するきまりに批判が多く、中学生の六〇%以上が反対しており、教師でも四六%が疑問を持っていることが分かりました。

そこで、神教組は、運動方針に、「校則体罰などを問い直す」の一項目を盛りこんだということです。

四　減らない体罰

たしかに、最近の校則には、子どもたちのことを真剣に思い、あれもこれもと考え苦心して作った善意のものであっても、その根拠や実際の効果に疑問のある無用有害な瑣末《さまつ》な規則が多数あり、またその運用においても、生徒の自主性や創意性を阻害すると思われる強制や処罰の乱用が目立ちます。

規則や管理は、教育上、不可欠であってもすべてではありません。それは、あくまで、教育の目的を達成するための一つの手段なのです。

従って校則の制定や運用にあたっては、ただ形式にとらわれることなく、教育的に慎重に行われなければなりません。

この認識がないと、専ら校則を守らせ、違反する者を処罰することを教育と錯覚し、いわゆる管理教育に陥ることになります。

特に体罰（これには、木刀で殴るなどの暴力から、手で頭をこづくなどの軽いものまであり厳密な定義はむずかしい）については、その事情、程度、性格、年齢等、諸般の状況が異なり、根強い肯定論もあり（昭和六二年東京弁護士会が、東京公立中学校を対象に行った調査では、教師の四五・六％、PTA会長の五四％が、条件付ながら肯定しています）、一概にいえないにしても、最も非教育的な方法であることは間違いありません。

体罰は、恐怖や不安を与えることによってその行為を一時的に抑制する対症療法の効果はあっても、結局、かえって強い不信感を抱かせ、自主性や自発性を抑制させる欠点の方が大きいのです。

それにもかかわらず、体罰は、一向に減少せず、昭和六一年度中に、体罰が原因で処分され

た教師は、過去最高の一六七人（前年度一二五人）に達しています。（文部省調査）

五　内面的な自立心を涵養《かんよう》すること

先年、東京中野富士見中学校で、いじめのため自殺した二年生の生徒に対する教師の指導（葬式ごっこ）を巡り、大きな問題になりましたが、同校では、以前から、いろいろ校内に問題があったため、いじめ、体罰、生徒規則を指導の三本柱にして、校内の態勢を整えて生徒指導に努力していたといいます。

事故の起きる前年、住民主催の懇談会の席上、規則があまり多すぎるとの意見が出た時、学校側は、「生徒手帳の規則が多すぎるというが、生徒の中に手帳に書かれていないことを理由に、指導に反発する者や、それに迎合する親がいるからだ」と一部の親たちを厳しく批判し、指導の困難な学校の立場を訴えていたと伝えられます。

その理由はどうあれ、この状態に陥った学校は、学校側が言明した通り、既に指導の限界を超えていたといえるでしょう。この状態が続く限り、いかに努力しても、その効果を期待することは困難であったでしょう。

校則に決められていなければ、何をしても勝手だという考えは、自分の行動に自覚がなく、自ら校則を守る意思のないことを示しています。

このような、善悪の判断や罪の意識がなく自分の行動に責任を持たない生徒たちに対しては、学校としても秩序を維持するため、規則を細かく定め、禁止事項を多くして、強制的に取り締まる方法をとらざるを得ないかもしれません。しかし、どんなに規則を細かくし、遵守を強制し、違反者を罰してみても、生徒自身に、主体的に自らの生活を確立し、規則を受け入れ遵守する意思のない限り、教育的効果を挙げることはできないのです。

真の教育指導は、他律的な外面の形を整えるよりも、内面的な自律心を涵養することにあるからです。

六　何のための校則か？

もとより、自分の生命にかえてまで法を守り、法を自覚したソクラテスのような境地などは望むべくもありませんが、整然とした形の秩序維持に眩惑されて、罰に対する恐怖心により、あるいはまったく自覚がないままでも、ただ唯々諾々《いいだくだく》と規則に従っていればそれでよし、とする態度は望ましいとはいえません。

その状態に満足せず、さらに進んで、内面の意識を深めるよう指導するところに教育的意義があります。

交通事故から身を護るため、登下校に全員ヘルメットを着用させている学校の生徒たちは、テレビのインタビューで、何故ヘルメットを被っているかの問いに、「学校の規則だから」と答えていましたが、ただ規則を守ってヘルメットを被っていさえすれば、交通事故に遭わないと安易に考えるなら、学則などにはそれほどの意味はありません。

通学距離や通学道の状況などとは無関係に、形式的に全生徒にヘルメットを着用させるよりも、道路では、常に車に注意し、横断には信号を守るだけでなく左右を確認するなど、危険から自分で身を護る、自律的な自覚を指導する方が、より重要でより効果的ではないでしょうか。

ある学校で、登校途中、財布を拾った三人の女生徒が交番へ届けるため、学校へ電話をして遅刻しました。これについて、学校では、

「どんな理由があろうと、遅刻は遅刻だ。厳しく指導せよ」

「遅刻は悪い。しかし、その理由は、一応やむを得ない。三人は反省もしている」
「そのまま登校して学校に頼めばよかった。しかし、三人の判断とその後の処置はよい」
など、先生方の意見は分かれました。

ところが生徒たちの意見を聞くと、大半が「自分ならそのまま登校する」と答えました。そして、その理由は一人残らず「あとでつべこべ先生に叱られるのがいやだから」であったといいます。あまり、うるさく注意するだけでは、効果がないばかりか、肝心の精神を見失ってしまうのです。

七　教育より校則優先の弊害

茨城県立高萩高校の学校新聞（『萩苑』）によると、生徒の九割近くが、校則に対して疑問や不満を持っているといいます。

一年生のある女生徒は、

「朝から帰りまで校則中心、勉強よりも校則優先って感じるんです。アルバイトのきまり（許可制）、髪の形、リボンの色、大きさ、ネクタイのつけ方、靴下の色、靴の色、スカートの丈、何から何までがんじがらめです。まるで『きまり』を着ているみたい。もっと自由に伸びのびできるようになればいい学校になるのに」

他の生徒たちも、

「アルバイトは、学校に届け出て、両親が許してくれるなら、いつやってもいいのではないか」

「なんで靴下は白でなきゃいけないのか、みんなが納得するまで説明してほしい」

「靴下は白ってうるさく注意するくせに、なんでリボンは白はいけないの」

と不満の声をあげています。

そして、

「先生方は、生徒が校則を守るのがあたり前だ、わかっているはずだ的な姿勢で指導するのでなく、なぜ、このきまりが出来てその理由は何であるか、要領よく教えてほしい。私たちが心を開くよう努力するのも大切だが、先ず、世の大人たちに、先生方に心を開いてほしいし、何でも話せる環境を作ってほしい」

と、希望しています。

もし、この学校が、生徒の望むように「心を開いて」話し合うならば、学校新聞にこの記事を掲載することを認めるほど寛容な学校であるだけに、必ず「いい学校」になるに違いありません。

学校は、生徒指導にあたって、正しい批判や疑問を抱く者を異端視し、正当な意思表示を反抗とみなして一切認めず、力をもって秩序維持をはかることも可能です。が、それは、実は、面従腹背であるか、あるいは、精神活動を抑圧され、意欲を喪失したための消極的な沈滞状態にすぎません。

それに比べ、意思表示を認め、率直に話し合える自由闊達な雰囲気のある学校の方が、たとえ一部に反抗があっても、全体に理解と信頼感が得られ、一見騒然としているように見えても、活力があり、教育的には好ましい状態といえるのです。

八　校則は生徒の人権侵害？

管理体制教育の代表として、「東の千葉、西の愛知」は、全国的に悪評高く、しばしばマスコミに登場します。

近頃では、千葉県立高校を卒業した一九歳の青年が出版した『ふざけるな！　校則』が、「校則は生徒の人権侵害では？」の見出しで朝日新聞（六二年五月二〇日）に大きく紹介されました。

その内容は、「校則で縛っておいて、違反をすれば体罰。そして停学退学。このままいったらロボットのような生徒ばかりになると思う」と、主として千葉県内の中・高校の校則の実例を示しながら「こんな校則にどんな教育的意味があるのだろう、むしろ、学校は、生徒の人権を踏みにじっているのでは」と憲法の保障する基本的人権を侵害しているのではと論証的に述べている、として、高二秋の修学旅行時の事例を紹介しています。

集合場所の東京駅で、教師が全員の服装、頭髪を検査した際、すそが、二、三センチ細いズボンをはいてきた友人がいました。

その母親は、千葉から奈良へ呼び出され、教師の説教を受けましたが、著者は「千葉へ帰ってからでも、お説教はできるのに……」と思った、という実例です。

また、その前月の朝日新聞（六二年四月八日）は、同社に寄せられた「人生のうちで最も大切な中学生活を、自由ということを知らないまま、野田の中学で過ごしたことを悔やんでいる」という千葉県の高校生からの手紙に基づいて県下を取材した内容を、「校則でがんじがらめの中

「学校」という大きな見出しで詳細にわたって報道していますので、以下かいつまんで紹介しましょう。

野田市の中学校では、登校の際、校門で立ち止まり、校舎に向かって「お願いします」と一礼する（男子は帽子をとる）。

教室に入ったら体操服に着替える。学校では、終日教師も全員が体操服を着ている。

授業は「起立、礼、お願いします」で始まり、終わりは「ありがとうございました。」

給食は三五分間。その後、昼休みが二〇分間。毎日昼休みの途中にチャイムが鳴る。これが鳴ると生徒は一分以内に校庭に集合整列する。教師の話を聞いて教室に戻る。

「何のための集合だかわからなかった」と卒業生はいっている。四時間目の授業が延びた時など、給食の途中で校庭へ駆け出すこともある。

掃除は、朝と授業後の一日二回。「普通は一回なのに……。だから、みんな掃除が嫌いになってまじめにやらないし、きれいにもならない」

下校前の生活では、毎日「規律検査」が行われ、生活委員が頭髪などをチェックする。「男子は丸刈り。頭に手をのせて、髪が指の間から出ない長さ。女子は、おかっぱなどで、ひたいを出すこと。えりに髪がつかない。長髪は編むこと」となっている。

午後四時半頃に、朝生徒委員が掲揚した日の丸、市旗、校旗の「三旗」が降ろされる。放送で君が代の曲が流され、教師も生徒も校庭の掲揚台の方に向いて気をつけをする。君が代が終わると一礼。

部活は、原則として全員参加し、練習は、朝は七時から四〇分まで。夕方は日没まで。夏などは、一二時間以上学校ですごすことになる。

生徒手帳には、セーターの着用期間や手袋の色、ベルトの幅、長靴の色など細かく決められている。

これに対して、「三年間、先生にしばられていた。楽しいことなんてなかった」という卒業生たちの感想や、母親たちの「みんな同じであることを規則で強制しようとする。これでは、自分で判断する力は身につかない。生徒は、教師のもとめる『いい子』の像に合わせてふるまうようになる。クラスでも生徒同士が本音で意見をぶっつけ合うことなんてあまりないようだ」との意見が、取材記者によって報告されています。

野田市内には、四月開校の一校を含めて全部で八つの中学校がありますが、既存の七校は、すべて、男子の丸刈り、教師生徒の校内体操服を義務づけています。

これに関連して、市内のある市民グループが、新設中学校の学区内五〇〇〇世帯を対象に実施したアンケート（回答四二六世帯）によれば、頭髪については、「極端な例だけ規制してあとは自由」が六二％、「子どもの自由」が一八％で「丸刈り賛成」は二〇％。校内体操服については、「不要。体育の時間だけにすべきだ」が七〇％であったといいます。

野田市教委の菅崎学校教育課長（当時）は記者に対し、「校則は親の意見も聞くが、最終的には各学校長が教育的配慮から判断する。従って、親の多数意見と校長の判断は必ずしも一致するものではない。生徒が、自分で判断する力をつけるのも教育の役割だが、周りに同調する力をつけるのも教育の役割。判断力は服装などの面より教科や道徳で培《つちか》われるものと思う」と述べています。

九　制服の裏に、日本人特有の国民性

この「周りに同調する」という集団主義は、同一民族、同一言語で島国に住んできた日本人特有の家族主義と無縁ではありません。

外国旅行をする日本人が、常に集団で行動することには、定評があります。日本人は、個人

で行動するより集団で「みんなと一緒」に行動する方が精神的に安定していて、それからはみ出すと、社会の秩序が乱れるという意識が強いのです。

その上、戦後の教育界には、民主主義即平等主義の思想があります。

全国の校則の中で、圧倒的に多い項目は、「みんなで仲よくする」ですが、そのためには、個人の差がないように皆同じようにするという発想がありますから、服装なども、形式的均一的になりやすいのです。

だから、校則に均一性があるのも、一概に学校が、管理を目的とし、生徒を強制し統制するために作ったとばかりはいえないでしょう。

学校の生徒が、一様に定められた制服を着ているのは、日本の特徴だといいますが、義務制の公立中学校でも、多くは制服を定めています。

横浜市立中学校でも、一校を除く一三八校が、標準服（実質的には制服）です。

横浜市では、昭和三〇年代後半に、「私服だと金がかかるので制服を決めてほしい」との親からの要望が相次いだのが、制定の動機だといいますが、非行や校内暴力が表面化するとともに、服装に変化をつける生徒が増え始めたため、学校側は、生徒指導の一つとして服装検査を始め、次第に厳重になっていったといいます。

標準服といいながら、なぜ別の服装を認めないかについて、服装指導に力をいれている中学校長は、『朝日新聞』（六二年五月一六日）紙上でそれぞれ次のように述べています。
「乱れた学校をまとめる場合、目に見える服装から手をつけるのが有効だ」（岩崎港中学校長）
「ボタン一つ少ない、スカートのひだ数が違うなど細かいことかもしれないが、大勢の中に入ると目立ってしまう。自己主張したいという気持ちもわかるが、他校の不満分子から目をつけられやすいので注意している」（加藤老松中学校長）
これらの説明では、説得力がなく、納得がいかない向きも多いと思いますが、制服制定の根底には、日本文化や国民性が存在しますから、それをぬきにして、教育論や、教育技術面からのみ、制服の是非を論じるのには無理があると思います。

一〇　校則は家庭内に及ぶか？

従って、千葉県の校則に均一性があるからといって、直ちに教育的でないと断定はできません。ただ、それは、程度問題で、社会通念を超えた極端なのは、非教育的であることはいうまでもありません。

同一性を求めるあまり、個としての子どもの人格を否定し、無用の反抗をひき起こしたり、また、親の教育権を侵害するといわれる点などについては、今後の課題として、十分検討する必要があるでしょう。

先頃、九州で、丸刈りの強制は、基本的人権の侵害だ、と中学生親子が、訴訟を起こした事件も発生しています。これに対し、熊本地方裁判所は、丸刈りの教育的効果は疑問としながらも、校則制定は適法と判決しました（六〇年一一月）。

しかし、アメリカなどとは違って、日本では、教育問題を法律に解決を求めるのは、なじまないし、好ましくありませんから、あくまで、教育的解決をはかるよう関係者の努力に期待すべきものでしょう。

また、校則が、校内や登下校はともかく、家庭内にまで及ぶのは、再考を要します。

「夜間外出は保護者同伴でも九時まで」

「休日または校区外に出る時は制服」などは、地域などの特別事情があるにせよ、親の教育権の侵害だといわれても仕方ないのではないでしょうか。

本来、礼儀、言葉づかい、食事のマナー、清掃などは、親が家庭でしつけるべきことで学校の責任ではありません。それにもかかわらず、従来、日本では、教育はすべて学校主体で、多くの親も家庭教育まで学校へ依存する傾向があります。

そのような事情もありますので、学校は、つい、親の意思を配慮せず、一方的に学校の立場から校則を作り生徒に強制しがちですが、親の理解と協力を得られなければ、教育効果をあげることはできません。

牧柾名東大教授（教育行政学）は、新聞紙上で、「親は、校則に子どもの人権と親の教育権を侵害している内容がないかどうか、自主的に調査研究し知恵を集めて学校に問うべきであろう。学校はその問いに誠実に答える責務がある」と提言しています。

学校教育、特に生活指導に効果を挙げるためには、教師相互間および生徒との間に共通理解と信頼関係が存在しなければなりませんが、それはまた、当然、生徒の背後にある家庭や親をも包含して考えなければならないと思うのです。

一一　「とかく学校は住みにくい」

そうはいうものの、それは口で言うほど簡単にできるものではありません。およそ教育ほど言うはやすく行うは難きものはないのです。

学校生活の拠り所である規則（校則）が緩ければ緩いほど教師の指導力が問われ、生徒の自主性が求められます。そのいずれかの限度を超えた時、規則を厳しくせざるを得ないのが教育の宿命です。

しかも、それぞれの限度は常に変化し把握し難いところに困難な問題があるのです。

横浜市内のある県立高校の学校新聞コラム欄にあった高校生の次の嘆きは、同時に教師の嘆きでもあり、教育の永遠の課題でもあります。

「昼休みに食堂のジュースを飲みながらこう考えた。ビンを片づけなければ怒られる。返しに行くのは面倒だ▼すると規則ができ上がる。ビンを置きっ放しにしたり、バスの中でアイスクリームを食べたりする。これが先生に規則を作らせた▼規則は嫌いと度胸を据《す》えるが規則はでんと腰を据える。守らなければさらに規則はふえていく。そうして結局規則に縛られ身動きならなくなる▼規則を守るのはくたびれる。守らなければ規則はふえる。とかく学校は住みにくい。（騒石）

第四章　家庭科教育を再考する

一　日米の女子教育比較

男は、外へ出て働いて妻子を養い、女は、家庭を守り子どもを育てるという、男女の特質に基づく役割分担生活は、人類が長い年月にわたって作ってきた伝統でした。

江戸時代に、松平定信が、「女は文盲なるをよしとす」といったように、同じ時代のアメリカでも、家事が天職である女が学問をし、読書にふけると、家事がおろそかになるから女には学問は不要だとされていました。

アメリカが、世界に先がけて、男と同じ教育を原則とし男女共学としたのも、ようやく一九世紀の後半になってからです。

日本で、女子教育が必要と考えられたのは、明治時代になってからですが、それは、あくまで女子にふさわしい教育でした。

女学校は、中学校と異なり、「家」を支える良妻賢母教育で「家庭」中心の婦徳を涵養《かんよう》することを目的としていました。

その区別をなくして男女共学に改めたのは、戦後、アメリカの占領政策によってですが、すべての国立大学が、女子に門戸を開くには神戸商船大学が、昭和五七年に女子の受験を認めるまで、四〇年近くの年月を要したのです。（ただし、女子のみの大学はあり、私立では、全体の二割近く、短大では六割に達します）

アメリカで、一九七二年に、学校で使うテキストやカリキュラムに、性差別を盛りこんではならないという女子への差別教育をなくするための法律が、二二州で公布されましたが、各自が自由に選ぶ選択方式なので、結果としては、女子が家庭科、男子が工作をとる場合が多くなっており、男女一緒の体育の時間でも、中身は別々という例が多く、実際には、法の通りに行うことはむずかしいといいます。

昭和五八年に来日した、ニューヨーク州立大学フローレンス・ハウ教授は講演で、

「アメリカの小学校の教科書でも、エプロン姿で家事にいそしんでいる女性の姿が多く登場し、仕事としても、看護婦、教師、スチュワーデス、秘書、図書館司書だけで、全体として男子は

仕事、女子は愛や結婚に関心が向くように作られているものが多い。」と報告しています。

二 「家庭一般」の履修形態をどうするか

さて、昭和五五年七月一七日、日本政府は、国際婦人年世界会議において、「女子差別撤廃条約」に署名しましたが、同条約一〇条は、教育の分野における女子に対する差別を撤廃するため、「男女同一の教育課程」および「教育における男女の役割について定型化された概念の撤廃」を締結国に対して求めています。

署名後、「国連婦人の一〇年」の最終年にあたる六〇年までに条約批准をめざす外務省や婦人団体等は、文部省に対し、高校「家庭一般」の女子のみ必修という履修形態を改めるよう強く要請しました。六〇年の国会（外務委員会）においては、社会党の土井議員（現社民党委員長）も、男女共修の実施時期に関して質問を行っています。

神奈川県では、昭和五七年三月に「神奈川婦人の地位向上プラン策定委員会」が、知事の諮問に対し、家庭科は男女共修にすべきだとして、「中学、高校の『技術家庭』『家庭一般』を共修必修とし、かつ、内容の充実をはかることを国に要請し推進をはかる必要がある」と答申しています。

神奈川県教育委員会は、それに基づいて「家庭科共修推進研究会」、次いで「男女平等教育推進委員会」を設置して検討を始めました。

条約批准を控えた昭和五九年九月に、総理府が行った（全国二〇歳以上の女性三〇〇〇人対象）「婦人に関する世論調査」では、今後の高校家庭科について、「男女とも必修で学ぶ」のがいいとする人三三％、「男女とも選択」が三五％でした。合わせて六八％が、「履修形態は違っても男女ともに」と考えています。

これに対して「女子のみ」は二二％で、八年前の調査と比べると「男女とも必修」が、一一ポイント増えているのに対し、「女子のみ」は四ポイント減っていました。

一方、文部省は、「女子のみ必修は、男女それぞれに応じた教育的配慮で差別的な取扱いでない」（五六年三月参院予算委田中竜夫文相発言）との立場をとっていました。

また、昭和五九年八月には、全国高等学校ＰＴＡ連合会（高校ＰＴＡ全国組織）の鹿児島大会において、特別に出席した全国高等学校長協会家庭部会高井利夫理事長は、

「男女が、ともに家庭科を必修とするのは、実際には実施困難であろうというのが、校長会の判断である。わが国の実情が条約批准ということで一方的に曲げられてよいものかどうか。今回の問題というのが、一種の内政干渉的なことでないかとさえ見られる」

と、高校の家庭科男女共修に強い反対意見を表明し、その後、大会は次の決議を採択しました。

家庭の機能崩壊が論じられ、望ましい母性を育てる女子の教育が叫ばれている時、「女子差別撤廃条約」の批准に関連して女子必修、男子選択という現行の「家庭科」履修形態が改変されようとしており、このことは、二一世紀に生きる子女の人間形成上ゆるがせにできない問題である。高等学校の科目「家庭一般」の現行履修形態は、絶対に存続されるべきである。

三　男女必修制への転換

しかし、外務省の要請を受けた文部省は、昭和五九年春、条約批准のための国内法整備の必要から、家庭科見直しの「家庭科教育に関する検討会議」を発足させました。

会議は、各方面の関係者から参考意見を聴取し、学校視察を行い、八回にわたり検討を重ねた結果、「家庭科男女必修」を打ち出し、同年一二月一九日に文部省に報告しました。

その中で、高等学校家庭科履修の取扱いについては、「家庭一般」の履修は男女とも「家庭一般」を含めた特定の科目の中から、いずれかの科目を必ず履修させる「選択必修」が適当と考えるとし、それには、次のような方法が考えられるが、それは、高等学校の教育課程の全体的なあり方の中で考える必要があり、今後「教育課程審議会」の審議にゆだねたいとしました。

その方法とは、

(1)「家庭一般」の他に、例えば衣食住および保育などの内容のいずれかに重点をおいたり、家庭生活に必要な知識、技術に重点をおいたりした新しいタイプの家庭に関する科目をいくつか設け、その組合せの中からいずれかの科目を選択必修させる方法。(なお、この場合は、当分の間地域や学校の実態に応じ、他教科の科目での代替履修の余地を認めることも必要であろう)

(2)「家庭一般」と他教科の科目を組合せその中からいずれかの科目を選択必修させる方法。

の二つです。

次いで昭和六〇年九月に、文部省から「教育課程基準の改善について」諮問を受けた「教育課程審議会」は、二年余にわたり、戦後教育見直しを審議した結果、六二年一二月二四日に答申を行いましたが、その中で、「小学校生活科設置」「中学校習熟度別指導導入」「高校社会科廃止、地歴科と公民科に再編（世界史必修）」など、主要教科の教科編成を変えているのは、戦後の新学制以来初めてのことでした。

高等学校の家庭科については、さきの「検討会議」の（1）案を採用し男女に選択履修させることとしており、新しく設置する科目の内容を次のように定めています。

家庭を取り巻く環境の変化に対応し、親となるための自覚を高め、よき家庭人として家庭生活の充実向上を図る実践的態度を育てるとともに、生徒の多様な能力、適性、興味、関心等に応じることができるようにするため、「家庭一般」のほかに、新しい科目として「生活技術」および「生活一般」を設け、これらのうち一科目をすべての生徒に選択履修させるようにする。

（1）「家庭一般」については、社会の変化等を考慮し、消費生活、親としての役割、高齢者の生活などに関する内容の充実を図るとともに、家庭生活に必要な衣食住、保育などに関する知識と技術を家庭経営の立場から総合的、体験的に習得させることができるよう内容を改善する。

（2）「生活技術」については、家庭生活に関する基礎的な知識とともに、生活の管理に必要な衣食住などの技術や家庭生活で用いられる電気、機械および情報処理に関する知識と技術を習得させるよう内容を構成する。なお、電気、機械又は情報処理に関する内容については、園芸などに関する内容で代えることができるようにする。

（3）「生活一般」については、内容を前半二単位と後半二単位に分けて構成する。前半では、家族の健康な生活を管理する能力を育成することに重点を置いて、家庭生活に関する基礎的な知識と技術を習得させる。後半では、生徒の興味、関心等に応じ、衣食住や保育、情報など家庭生活に関する内容の中から二〜三の項目を選択して履修させ、家庭生活に関する知識と技術をさらに深めて習得させる。

「生活一般」を履修する場合には、後半の二単位については、施設、設備の整備や担当教員の確保等の問題など学校の実態からみて止むを得ない場合には、当分の間、「生活一般」と関係の深い技術や情報などに関する内容の科目または「体育」の履修をもって代替できるものとする。

なお、この場合においても、できるだけ早期に家庭科に関する教育を十分に行うことができるよう条件整備に努める必要がある。

これで、多年懸案の高校家庭科男女履修問題は決着し、文部省による学習指導要領や教科書の改定などの手続き作業を経て、平成六年度から実施されました。

いよいよ、家庭科は、戦前の『女学校』の「家事裁縫」から、戦後の『男女共学』の「選択」そして「女子のみ必修」を経て、晴れて「男女必修」の教科として、新しい装いで学校教育に登場することになったのです。

四　〝区別〟と〝差別〟の違い

ところで、家庭科の男女必修は、歴史的必然性ともいえましょうが、その経緯から見て、何といっても、一九七〇年代にアメリカに端を発した世界的な女性解放運動が、男女平等をめざし、「男女役割分担撤廃」を大きな目標に掲げて戦ってきた結果によるものであることは疑う余地はありません。

家庭科の男女必修について、とかく行政側（日本だけではありません）が積極的でないのも、また、「女子差別撤廃条約」署名後、同条約批准のため設置された「家庭科教育検討会議」が、男女必修を適当としながらも、特に、「家庭科教育の重要性に鑑み、わが国の歴史や伝統を踏まえ、家庭科教育が十分行われるような配慮が必要である」と述べているのも、このこととは無縁ではないでしょう。

それはともかく、国際連合憲章が、「性による差別禁止」をうたい、女子差別撤廃条約が、「女性に対するあらゆる形態の差別撤廃」や「教育における男女役割について固定化された概念の撤廃」を定めていますが、それは、一切、男女を同じにし、本質的な男女差を認めないということではないでしょう。

オリンピック競技で、男女別に行っているのは、区別であって差別ではありません。同じにすることが、かえって不平等なのです。

それと同じく、女性を男性と区別したからといって、それがすべて「権利の平等の原則および人間の尊厳の原則」に反することにはならないはずです。

家庭科の男女必修も、次元の異なる「区別」と「差別」を混同することのないよう、「平等」の正しい認識の上に立って行われなければなりません。

たしかに、男女役割分担の「固定化」は撤廃すべきでしょうが、人類の男女が、動物の雌雄と同じく、その本性に基づいて仕事を分担してきた歴史的事実の存在理由は、男性社会の是非は別として、まったく否定するわけにはいかないでしょう。

男女役割分担は、男女間に尊厳と信頼に基づく連帯と協調の精神があれば、好ましい結果が期待できるのも事実です。

日本が、驚異的な生産力増強をなしとげ、今日の繁栄をもたらしたのは、男性が、家庭に後顧の憂いがなく会社人間として仕事に専念できたからだ、とする外国の専門家も少なくありません。

また、日本の多くの主婦たちが、夫から信頼されて給料全額を渡され、家事一切の責任を負い（毎週、必要経費しか夫から与えられない多くのアメリカの主婦たちが羨望するところです）、家庭で好きなことができ、夫の金を思うように使える拘束のない自由な生活に満足し、毎日を自信をもって生き生きと家事にいそしんで暮らしてきたのも周知の事実です。

が、残念なのは、その反面、この男女役割分担が、「家」の制度と「男尊女卑」の思想と結びついて、外で働く男の仕事が、内で働く女の仕事より価値が高いという上下の差別意識を生み、さらに「夫の横暴、妻の忍従」というパターンを形成してきたことです。

戦後、「家」制度が廃止され、女性が権利意識にめざめた時、鬱積した不満が、女性側から爆発したのも無理はありません。

日本の男女役割分担は截然《せつぜん》としていて、昔から〝男子厨房に入るべからず〟といわれ、男性が家事に関与することは、男の沽券《こけん》にかかわる恥ずべき行為とされ、また、女性も自分の領域を侵されるのは、責任を果たし得ない恥ずかしいこととされていました。

だから、日本の男が、横暴であるかないかは別として、家庭内のことについては、ほとんどの夫は、妻が夫の仕事について知らない以上に何も知らないばかりか、まったく無関心です。妻が毎日何をしているのか、家計や子どものことでどれほど苦労しているかなど理解しようともせず、甚だしいのは、三食昼寝付きで楽をしていると思っています。

しかも、家庭内では、自立しておらず、自分の身の回りのことも、すべて妻の手を煩わさなければ何一つできない無能力者が多いのです。そのため、不幸にして妻に先立たれると、大家族ではともかく、核家族の場合には、茫然自失してなすすべもなく、中には気力を喪失し、数年後に死亡する例も少なくありません。

これに反して、夫に先立たれた妻は、夫の雑事から解放されて、かえって元気になり、長生きをする者が多いことは、統計の示すところです。

昭和五八年に、四六年間にわたって東京新聞にコラムを書き続け、新聞記者の最高栄誉である日本記者クラブ賞を受賞した名コラムニスト（当時八六）が、七七歳の妻を殺害した事件がありました。

受賞後間もなく、脳軟化症になった妻が重度の痴呆におちいり、家事ができなくなってから彼が代わっていましたが、妻の病状が悪化し徘徊被害妄想が現れ、深夜に家を飛び出すようになったので、不憫でならないと首を絞め、殺してしまったのです。

彼は、自分が買物に行くことを隠すため、人に知られないように変装して行ったといいますが、年老いてから、それまで全然したことがない買物、炊事、病人の世話など一切の家事をすることによる大きな肉体的精神的な負担と苦痛が、疲労困憊《こんぱい》の極限におとしいれたものと思われます。

また、昭和六三年新年早々の新聞（一月三日）は、群馬県において、かつて、奈良地検検事正や大阪高裁判事などを務めた当時七九歳の男性が、病弱の妻（七六）の看病疲れのため、妻の首を洗濯用のビニール紐で巻きつけて締め殺し、その紐で自分も首吊り自殺をした、という悲惨な事件を報道しています。

社会的地位や教養も知性もある者が、なぜそんな事をしたのでしょうか。

戦後の男女共学の時代に育った人には理解できないでしょうが、彼らと同世代の男性には、その心情は痛いほどよく分かり身につまされるのです。

この年代の男性にとって、家事をすることは苦痛であるばかりでなく、極めて強い拒否反応と抵抗感があって、（変装までしないにしても）悲壮な決意を要するものなのです。

しかし、年々、高齢人口と核家族（六五％＝六三年厚生省発表）が増加する時代を迎えると、今後の男性は、家事について最低限の知識と技術を身につけ、場合によっては、女性に依存しなくても、億劫《おっくう》がらず、自分でできるよう自立しなければならないでしょう。

それには、まず、外で働くのが男だけの仕事でないように、家事も女だけの仕事でないという意識の改革をはかるとともに、家庭の仕事は外で働く仕事以上に重要で価値の高いものであることを認識することが必要です。

五　家庭の役割の重要性

それにしても、大量生産、大量消費の時代に入り、自意識にめざめた日本の女性が外へ出て働くようになってから、次第に物質万能思想にアメリカナイズされ、金にならない家事の仕事を軽視し、拒否する女性が多くなったことは憂慮にたえません。

東京都内のある調査では、母親が、朝食、夕食の時、八、九割が家にいるのに、子ども（小学生）一人だけで食事をするのが、朝四割、夕二割、朝夕とも一割もあるといいます。
次の中学生たちの川柳は、近ごろの母親像を浮き彫りにしていますが、笑って済ませるにはあまりに深刻です。

働いていると母親朝寝坊
気持ちよく家事をする母まだ見ない
こんなことといやだいやだと母親家事をする
損しちゃう損しちゃうが母の癖
パートに出て母は遊びを知りました

世の母親たちは、この点について反省し、次の句を吟味する必要があります。

母醜し尽くす喜び知らずして

日本のある著名な女性評論家は、女性が外へ出て働くことを批判して、
「女性が、男女平等をめざして、自ら家庭の城を男性に明け渡し、外へ出て戦っても、到底男には太刀打ちできない。結局は、内も外も男性の手に渡り、女の場所がなくなって女性が損をすることになるのではないか」

と、警告しています。

しかし、「家庭」は、男女いずれにとってもきわめて重要であり、単に生きていくための便宜的な存在ではありませんから、それを男女の権利の対象とすることは適切でないばかりか、誤解を招くおそれがあります。

食物さえあれば、人間は肉体的に成長しますが、人間生活の基礎である愛情、理解、信頼、尊敬などの精神は家庭の中でなければ十分な発育を遂げることは困難です。特に、子どもの人格形成や情緒発達には、家庭は、他の機関で代替できないほど重要な意義をもちます。

もちろん、家族形態は一様でなく、現代アメリカにみるように時代や国情によって大きく変貌しますが、文化人類学者の中根千枝氏もいうように、人間の生活基礎単位としての家族は、過去も現在も、人類の歴史とともにどこにでもあって、将来も決してなくならない、人間にとって不可欠な重要な存在なのです。

この人格的な人間結合の唯一機関である家庭を軽視して、ただ自分の生きる手段と考えるようになったら、家庭はただ、食べて寝るだけの場所となってしまい、家族の心は離散し、家庭の機能は失われて、家庭崩壊を招き、やがては社会の存立を危くすることにもなりかねません。

あるフランスの歴史家はこういっています。

「ローマ帝国は、当時の女性の社会への進出意識によって、ローマ社会の道徳基準や家族構成を崩し、出生率の急激な減少を招いてバーバリアン（異邦人）に滅ぼされる前に自滅の運命をたどった」と。

六　男女共生の新時代へ

外へ出て働く女性が多くなった今日、男女役割分担の「固定」は実情に合わなくなっているから原則的には、廃止すべきでしょうし、家族や個人の事情によって家事を男性が分担しても、異常と考えたり非難すべきものではないでしょう。

ただ、問題は、家庭の仕事は、お互いが相手におしつけ合うには、あまりにも重要であることを十分理解し認識するか否かにあります。

家庭の仕事は、本来、誰が分担しようと、家族同士の愛情や思いやりなどに基づいて、相互の理解と協力の下に行われるべきものであって、損得や権利意識によってなさるべき性格ののではありません。

家庭科の男女必修も、「家庭」が人間生活にとって、男女を問わずきわめて重要なものであることを認識した上で学習するのでなければなりません。

それを、女性にだけさせずに、平等に男性にも分担させようという権利意識からの発想では、男女とも、いやいや学習し、「家庭」を重んずる気持ちにならないでしょうから、教育的な効果はありません。

今後の家庭科教育は、異なる特質の男女が親和し共生して生きていく社会を建設するために、子どもたちに社会の単位である「家庭」の重要性の自覚を高めることを目的とし、そのために必要な家庭の知識技術を学習させるのでなければなりません。

それには、かつての女学校における「家事裁縫」教育の枠から脱皮し、新しい意識で対応していかなければなりません。

その意味で、家庭科教師の責任と役割は極めて重いのです。

今後、現職教師が積極的に研修し、意識の改革を図るのはもちろんですが、さらに、新時代に即応できる男子を含む家庭科教員の養成に早急に着手する必要があるでしょう。

第五章　いかに学習意欲を引出すか

一　人間と動物の違い

動物には、行動（Action）はあるが行為（Behaviour）、すなわち、目的意識を伴う行動がないといわれます。

人間に最も近いゴリラについて、アフリカで六〇〇日間ゴリラの群の中で生活し、その生態を研究した、アメリカの動物学者シャラーは、『ゴリラの季節』で、「ゴリラは、現在に生き、生活をそのまま受け入れており、自分の運命に満足しているように思われる」と、報告しています。

動物が、生物体として生に埋没し、本能で生きているのに対し、人間は、生物として生きるだけでなく、生きることへの意味を求め、よりよく生きていこうとします。

つまり、人間は、現在の瞬間をそのまま受け入れて生きているだけでなく、未来を展望し将来に向かって生きる、すなわち生きがいを持つ唯一の動物なのです。人間に心配、不安、不平不満、さらに悩みや反省などがあるのもそのためで、人間のみが宗教を持つ所以《ゆえん》でもあります。

この生きがいの感覚は、人生に意味を与える力ですから、この感覚をまったく失うと、その人生は単なる生物有機体として動物と同じ生存の意味しかなくなり、いわゆる「生ける屍《しかばね》」の植物人間になってしまうのです。

二　生きがいと豊かさ

生きがいは、ある程度の物質的経済的条件を必要とします。最低の動物的生存がなければ、特別の人でない限り生きがいどころではないからです。

日本が敗戦後、ようやく衣食住が満たされるようになった昭和四五年の調査では、生きがいを感じている人は六四%でしたが、その後の急速な経済成長があった五一年には八四%に上昇しています。

しかし、物質や経済は、必ずしも絶対的な条件ではありません。

アードレーは、人間には三つの本能的欲求があるといっています。すなわち、

一　安全安楽を求める
二　刺激を求める
三　生きがいを求める

の三つです。この一、二の欲求が満たされると人間は満足しますが、それだけでは、生きがいが満足されるとは限りません。

戦後何一つ楽しみがなく、食うや食わずで、子どもに何を食べさせ、何を着せたらいいかに、日夜悩み困窮生活を送っていた時代でも、全く生きがいがなかったわけではありません。貧乏から脱するため、また子どもの成長を夢みて、働くことに生きがいを感じて生活した人たちも少なくありませんでした。

それに比べ、現在は、当時とは比較にならないほど物質的豊かさの中で衣食住に恵まれてい

るのに、すべての人たちが、生きがいを持っているとはいえません。

かえって、恵まれすぎたために、生きがいを喪失した人たちが増えてきたとさえいわれ、特に若い人たちにその傾向が多いように思われます。

近ごろ、都会の高校生や中学生の間で「わからない、知らない、別に、症候群」というのが広がり始めたといいます。

例えば、「将来どんな仕事につきたいか」とたずねると「わからない」「知らない」「別に」と答える生徒が多くなったというのです。

数年前には、居心地のよい豊かな社会にあって「早く大人になりたいとは思わない」と願う大学生たちを、「モラトリアム人間」と称しましたが、それが、無力感を伴った「わからない症候群」に姿を変え、若年層へ拡大したのです。

さらに、最近は、三、四〇代の「出勤拒否症」が目立ち始めたといいます。その多くは、治療を要する病気ではなく「食べて行くには困らない」「あくせく働いても金持ちになれるわけでもない」から働きに行かないのだといいます。

現在のみに生き、将来を考えない生活は、ゴリラの生活に似ています。その行動が、動物的、衝動的になるのも当然かもしれません。

ある調査によると、「先のことを考慮して行動する」のは、一般少年でも三三％（非行少年は一八％）しかありません。

近頃多い中高生の自殺をはじめ、暴力や登校拒否、非行などの現象もここに起因するのではないでしょうか。

数年前、横浜で、中学三年の女生徒三人が、屋上から飛降り自殺をした事件がありましたが、その原因は誰にも分かりませんでした。

恐らく、誰かが死にたいと言ったのに同調したものと思われますが、これについて、上智大学（教育心理学）霜山教授は、

「最近の若い人は、近い身の回りしか見ないから、つまらぬことで生きる目標を失う。昔のように遠い空の星を眺める気持ちがない」

と、分析しています。

また、大学卒業直後に、自殺した女性が、友人にあてた次の遺書（一部）は、生きがい喪失の現代の若者の苦悩を表現しています。

「人は本当に苦しい時は死なないという。幸せでかえって生きる張りをなくしたのは宿命とはいえ辛い」

世界一の福祉国家といわれるスウェーデンで、一流ホテル並みのデラックスな施設に生活している老人たちの顔は、生きている化石のように表情がなく、自殺が意外に多いというのも、物質的な豊かさは、生きがいを支える条件であっても、絶対ではないことを示しています。

三　最近の若者の傾向

精神医学に多幸症（朝から晩までご機嫌）という語がありますが、最近は、テレビ、コマーシャル、週刊誌をはじめ日本中すべてがこの傾向にあります。

昔のように人生論を内容とする本はほとんどありませんし、深刻なことを話すのはダサイといわれ、人との関係も、広く浅く表面的となり、「ネアカ」がもてはやされ、人生の根源的な問題について話すのは「ネクラ」だと嫌われます。

昔の生徒は、勉強が嫌いで教室で元気がない者も、体育やクラブの時間になると生き生きと眼を輝かせて活動したものですが、近ごろでは勉強もスポーツも何もしたがらず、ヘドロのように曇った眼をした無気力な生徒がふえています。

日教組の全国大会でも、教科書を忘れる小学生、ボンヤリ座っているだけの中学生、教室で居眠りする大学生などが報告されています。

昭和五八年の総理府の調査でも、「自分で無気力だと思っている青年」が三二％もあり、「このまま親元で気楽に子どものままでいたい」という高校生は、男子三五％、女子五一％もいます。

高校中途退学者も年々増え、六一年度全国公立高校（全日制）の年間数は、全生徒の二％を超え、その数は百校分の生徒数にあたる一一万四千人にも達しました。（文部省調査）

また、最近の大学生は質問しなくなりました。なぜなのかとつきつめていく情熱が薄いのです。そして、人間的に未成熟で、精神的に自立できない者が多いのです。かつては、卒業できるか、就職できるかが不安だったのですが、今は、卒業が怖い、就職が不安だという学生が増え、東大生の自殺者（年間五〇名位）も卒業時に多いといいます。

日本生産性本部と日本経済青年協議会は、毎年新入社員を対象に調査していますが、昭和六二年（対象七七〇〇人）には、「若いうちは進んで苦労すべきだ」と考える人は、前年より三％減の四九・二％で初めて五〇％を割り、「好んで苦労することはない」は二％増の二〇％となりました。

四「自由すぎればかえって不自由になる」

一般に、老人や重病人は、生きることへの目標がなく、将来への展望が薄いから生きがい感に乏しいものです。

それに比べると、若者は、身体も丈夫で未来への可能性もありますから、生活も充実しています。青春時代は、何であれ目標に向かって努力できる環境にあり、その可能性も強いから、生涯の中で一番生きがいを感ずる幸福な時期です。

それなのに、なぜ最近の子どもたちは、人生に生きがいを持たず、無気力な生活をするようになったのでしょうか。

これについては、一般に、小さい時からの受験勉強の重圧が原因とされていますが、それも否定できないにしても、やはり、根本は、物に恵まれ、何不自由ない、苦労のない生活の中にドップリ浸っているため、目先きの刺激や快楽の欲望を満たすだけで、将来への展望や夢を持てなくなり、生きることや人生について考える機会がなくなったからではないでしょうか。

哲学者のサルトルに「自由すぎればかえって不自由になる」という言葉がありますが、これは自由が与えられすぎると、糸の切れた凧のように自己を見失い自由でなくなる。すなわち、自由にはおのずから規制する自律性がなければならないことを指摘したものです。

それと同じく、あまり生活に恵まれすぎると、それに浸り切って満足し、消極的になって生きがいを失ってしまいます。すなわち、生きがいは、物に恵まれるだけでなく、積極的に人生を自己実現していこうとする自律的精神がなければ得られないものなのです。

もとより、人生は、各人それぞれが違いますから、生き方も同じではありませんが、いずれにしても、その生きがいは、他から与えられるものではなく、自ら積極的に前向きに生きようとする生活態度からしか生まれません。

この生活意欲の強弱は、遺伝よりも、むしろ後天的なもので、本人の心掛けや努力で変わり得る、とは、一般の学説の示すところです。

人間は素質があっても、環境に恵まれなければ発達しない場合が多いのですが、素質と環境に恵まれても、本人に意欲がなければ発達しません。あまりにいい環境に恵まれたために、意欲を喪失し、せっかくの素質が枯渇し発達しない場合も多いのです。人間の肉体にとって飽食が害であるように、精神にもある程度のハングリーは必要なのです。

最近の若者のように、既成事実に依存し、楽をしたい、得をしたい、格好よくしたいという気持ちがある限り、本当の喜びや意欲は湧いてこないでしょう。

精神的に自立できない無気力性を克服し、自分の生活や人生を創造していく意欲は、結局、本人自身が、自ら獲得する以外に方法はありません。西洋のことわざにもあるように、「馬を川辺に連れていくことはできるが、馬に水を飲ませることはできない」のです。

滋賀県の琵琶湖畔の山の上に小さな尼寺があり、七人の尼僧が住んでいますが、その中に元宝塚歌劇のスター（桜緋紗子）として活躍し二〇年前に得度して仏門に入った人がいます。（平成一四年に死去）

最近、この寺へ仕事や人生にいきづまり、目的をなくし、今の世界から逃れたいという尼僧志願の女性が増え、この四、五年で五、六〇人にもなるといいます。

しかし、彼女が、「尼僧に休みはない」「一年は山から下りられない」「自分の働きが、お金で報われない」と山の生活を話して聞かせ、「生きる場所を変えても自分が変わらないと駄目だ」「人とのかかわりが大切だ」と諭すと、華やかな宝塚スターから尼僧になった体験からくる説得力もあって、納得して帰るということです。

五　「教訓を与えることでなく訓練すること」

物が満ちあふれ、何でも容易に得られる、現在のような環境に置かれた子どもたちが、生活意欲を持たず、学習意欲がなくなるのも、やむを得ないことかもしれませんが、そうかといって、このまま放置して、彼らから生きる意味を奪い、人生を失わせる結果になることを見過すわけにはいきません。

大人は、彼らに対して、自分で生きようとする力を育て、生活意欲を持たせるようにしなければなりません。すなわち、自らの生活を自ら律する精神の育成です。

それには、先ず、目的意識を伴う人間的な行為、つまり、自らの意思に基づいて行動できるように、それを妨げる欲望や衝動を抑える自己抑制を、幼時のうちから訓練することです。

真の教育というものは、ルソーがいうように〝教訓を与えることでなく訓練すること〟なのです。

アメリカの心理学者フランクは、

「アメリカの子どもの非行が増えたのは、生活が豊かになって母親が外へ出歩き、子どもの面倒をみなくなり、子どもが自由に生活し、食べたい時に勝手に冷蔵庫を開け、好きな物を食べるようになったからだ。つまり、小さい時から、抑制、特に食欲という最も強い欲望を抑止する訓練の機会がなくなったためである」

と、発表しています。

また、大脳生理学の世界的権威者である時実利彦教授は、脳の中の「自己制御」をつかさどる細胞は、幼少期から「衝動抑止」を繰り返すことによって発達することを、解剖の結果から証明し、出来るだけ早い時期から繰り返し訓練する必要を説いています。

日本でも、高度経済成長以来、次第に、衝動や欲望を抑止する機会が少なくなり、「耐性」の必要性や、それが幼児の時期からなされなければならないという認識が欠けてきていますが、この際改めて反省しなければなりません。

さらに、学習意欲を育てるために、家庭においては、次の諸点について改善する必要があると思います。

・子どものできることを先どりしない

子どもの世話をやきすぎ、過保護に育てたり、子どものしようとすることに干渉しすぎると依頼心が強く、わがままになるばかりでなく、消極的になって自立心が育ちにくいのです。

近ごろの小学生は、学校へ学用品を忘れていっても、友人に借りたり、先生に申出たりせず黙って席にいるのが多いというのも、すべて母親がしてやるから、自分では何も出来ないし、する気も起きないのです。

・子どもに過重な負担をかけない

本人にできそうもない、初めから不可能なことを強制しても、やる気は起きません。できるものからだんだんにやらせて自信を持たせるようにすべきです。子どもの能力や意思を無視した親の希望による学校の受験勉強を強制するなどはその最たるものです。

・子どもを他人と比較しない

他人とはもちろん、兄弟との比較も、発奮するより劣等感や挫折感を抱きやすいので注意しなければなりません。特に兄に対し、弟を見習えというのは、弟への屈辱感、親への怨恨などを持つ結果になりやすく、悪影響が強いのです。

・子どもにガミガミいわない

本人が承知していることを口やかましく何度もガミガミいうと、子どもは、反省心よりも反抗心を起こしやる気を失う場合が多いものです。

『毎日小学生新聞』が、東京都の小学生対象に行った調査結果でも、母親が子どもによくいうことばの最高は「勉強しなさい」ですが、いわれた子どもの気持ちは「うるさい」「またか」が七割で、「よしやろうと思う」のはわずか一割しかありません。

昔から教育には口数の少ない方がいいとされ、貝原益軒の『和俗童子訓』にも「乳母は温和にして慎みまめやかにことば少なき者を選ぶべし」とあります。

日本だけではありませんが、概して母親は子どもに対して何事にも口数が多すぎます。

第六章　理想の教師像を求めて

一　子どもの魂にふれる

教育を行うには、建造物や施設、教材などいろいろな物的条件を整えなければなりませんが、それを利用するのは教師です。

それらの物がなくても教育はできますが、教師なくしては教育は成立しません。教育論は、結局教師論に行きつくといわれるのはそのためです。

既に孟子は「人の患《うれい》は好んで人の師となるにあり」と安易に教師になることを戒め、また、伊藤仁斎は、弟子の立場から、「師を選ぶには、須《すべか》らく天下一等の人を選んで師とすべし。半上下落の人を師とするなかれ」と述べています。

吉田松陰は、これを敷衍《ふえん》して次のようにいいます。

妄《みだ》りに人の師となるべからず。
妄りに人を師とするべからず。
真に教うべきことありて師となり
真に学ぶべきことありて師とすべし。（『講孟余話』）

大分前のことになりますが、参議院選挙にあたって、各政党が、重要政策として教育を取りあげ、教師論が盛んに行われたことがあります。

その時、各党が、それぞれ発表した「教師」とは、「聖職」「専門的労働者」「使命職」「労働者的聖職」「労働者だが聖職的」などでした。

それぞれ表現は違っているものの、その内容が、どこがどう違うのか理解し難いものです。

大別すると、聖職、労働者、専門職になりますが、それにしても労働者でない職業があるのでしょうか、専門的でない労働者とはどういう職業でしょうか、聖職や使命職でない職業とは何でしょうか、「労働者的聖職」と「労働者だが聖職的」とはどう違うのでしょうか。

朝日新聞は、いみじくもコラム欄で、「各政党の教師像は、モナリザの微笑論争のごとくいずれとも定め難い」と、評しています。

およそ、教育は、教える者と学ぶ者が、互いに働きかける人間的な営みです。従って、教師は、同じ労働者や専門職であっても、人格的・精神的な要素のきわめて多い特殊な職業といわねばなりません。

もちろん、教師は、子どもに、必要な知識や技術を授けることを主要な任務とします。しかし、ただ知識を伝達するだけなら、単なる機械や文献にすぎません。自らの経験や人格を子どもにイン・プリントできなければ教師ではないのです。

教師は、子どもの意識の中に、知識を定着させるとともに、それを生きた文化として呼び醒《さ》まさせ、血肉として知性化、精神化させて人間の質的変容を図らねばなりません。

知識は、客観化されたものですから、アインシュタインがいうように「知識は、何ら人格を持たず、人間を指導することはできません。知識は、方法や手段に対しては目が見えますが、目的や価値に対しては盲目」なのです。

このように、教師の人格が子どもの魂にふれるところに本当の教育があり、そこに教師の存在の意義と使命があるのです。

二　日米の教員待遇比較

戦後、ひところ、やむなく教師になった、いわゆる「デモ・シカ先生」が多く、教師の質の低下が憂えられた時代がありましたが、その後田中内閣によって「教員人材確保法」（四九年）が成立し、待遇改善が図られたこともあって、現在では志願者も多くなり量質とも当時に比べ大分よくなったようです。

五八年の教員養成を主眼とする東京学芸大学の四年生を対象とした調査では、「入学までに教師になりたいと考えたことのある学生」が八〇・九％（高校時代四一・五％）もあり、「卒業後教職を第一志望」にした者は七六・一％もありました。

デモ・シカ教師といわれた当時の教職への暗いイメージも、ようやくぬぐいさられたとみるべきでしょう。

それに比べ、アメリカでは、教師の平均初任給は、学卒者としては、最低のカテゴリーに入るため、教師の不満も多いといわれます。

アメリカ有数の研究機関ランドコーポレーションは、八四年八月、『ここまで来た教育危機』と題する報告書を発表し「教師の待遇と社会的地位の向上を緊急に図らなければアメリカの教師は質の低下ばかりか、深刻な員数不足を招くことになる」と警告しています。

報告書によると、「教師になったことを後悔している」者が七一年には、一〇%だったのが、一〇年後の八一年には四〇%にはね上がり、少くとも三人に一人は不満を持っているといいます。

イギリスのことわざに「八百屋風情になるなんてつまらないという人は、八百屋にすらなる資格はない」というのがありますが、そのように教育に対して情熱も意欲も持たない先生では、教師としての責務を果たすことはできないでしょう。

三　教師の最低基準とは

戦前は、義務教育の小学校教師になるために、原則として専門の教育機関である師範学校で教育を受けなければなりませんでしたし、人員も、需要に対応して計画的に養成されていました。

ところが、戦後は、どこの大学でも、必要な単位を取りさえすれば、簡単に資格が得られるようになりました。

最も重要な教育実習も形式的で、アメリカでは約三ヵ月（昔は日本でもそうであった）義務づけられているのに、日本では規定（幼稚園、小学校教員は四週間以上）ギリギリの一ヵ月程度のところがほとんどで、例外的に長いところでも一ヵ月半です。これが、中学や高校になるとさらに少なく、規定の最小限二週間にすぎません。

従って、教員免許状取得者は、きわめて多いのですが、そのうち実際に教員になるのは二五％以下です。

かつての教員養成制度には弊害もありましたが、その出身者は、少なくとも、教師としての最低基準の条件は備えていました。

それに比べると、戦後採用の教員は、幅が広く、学力、思想、人物など、千差万別で、個性的ではありますが、中には殺人、強盗、窃盗などを働く者もあり、服装、態度など、一見してこれが教師かと思われる者も少なくありません。

昔のような、画一的な規格品には問題がありますが、そうかといって、あまりに規格外れでも、教師であるだけに困るのです。

四　女性教師の長所と短所

さらに、戦後特に小学校で目立つのは、女子教員の増加です。一時は「女教師亡国論」が世上を賑わしたこともあったくらいです。

しかし、まだ女教師がきわめて少なかった、明治一一年に、文部省の雇用米人学監デビッド・マレーは、

「蓋《ケダ》シ婦人ハ、幼童及ビ女生ノ為ニハ天然ノ教員タル者ナレバ則チ異日《イジツ》日本ニ於テモ（中略）教育ノ大半ヲ挙ゲテ女教員ノ手ニ委託スルニ至ルベキハ云々……」

と「女教師奨励論」を述べています。

それ以来、女教師は、戦争の度毎に増加しました。戦争になれば、男性が軍隊に行ったり他の職業に就くため、女性が採用されたからです。

学制発布三年後（明治八年）には、小学校女教師は一・八％に過ぎませんでしたが、日露戦

争（明治三七年）で二〇％を超え、第一次世界大戦（大正三年）後は三〇％台に、太平洋戦争末期（昭和一九年）には五一％となり、終戦時（二〇年）には五四・三％に達しました。しかし、間もなく、男性教師の復員や就職難で男性の採用が多くなったため四四・九％まで下がりました。

ところが、やがて高度経済成長期になると、男子が他の職場へ就職する一方で、大学の教育関係学部学生の六〇％以上が女子で、しかも男子より優秀ということもあって、三五年から、再び女教師の数が伸び始め、四四年には、ついに男子を上回るに至りました。

この傾向は、新採用者の多い人口急増地域ほど著しく急ピッチで進み、過疎地の北海道（二五％）、鹿児島（三〇％）などをカバーし、逆転に拍車をかけたのです。

日本で最も人口増の多い首都圏（最近では全人口の四分の一を占める）の神奈川県でも、五〇年前後には、毎年、小学校に千名以上（千八百名の年もあった）の教員を採用しましたが、その八〇％近くは女性で占められました。

そのため、県内平均で女性が六〇％を超え、都市郊外の新設校などでは、職員室に男性の姿が見当たらないほど、圧倒的に女性の数が増加しました。そして、六一年四月に男女雇用機会均等法が施行されて以来、女性の職場進出の機運は一層高まっています。

小学校教師は、女性に適していますし、待遇面でも男女格差がないこともあって、今後も優秀な女性が多く集まるでしょう。マレーのいう「異日」が百年後に現実のものとなったのです。

既に、諸外国では、小学校教師は圧倒的に女性が多く、アメリカ八九％、イギリス七二％、社会主義国であったロシア、ハンガリーなどは九〇％以上で、日本より比率の低い国は、インド、オランダくらいしかありません。

ちなみに、校長となると、日本では女性が二％しかないのは別として、アメリカでも、公立小学校の校長のうち女性が二〇％と案外少ないのです。

ところで、毎年、新学年を迎えると、児童生徒を持つ母親たちは、新しく子どもの担任になった先生について噂をし、「あたった、はずれた」と、喜び、かつ悲しみ、愚痴をいい合います。その中で、特に女の先生に関心が集まります。

某テレビ局が、母親を対象にアンケート調査をしたところ、担任が女の先生になった母親たちの八割が「はずれたと思う」と答えています。

女性教師といっても、ピンからキリまであり、男性より優れている先生もあるのに、なぜ一般に嫌われるのでしょうか。

それは、女教師は、女性としての特質の外に、男性に比べ、年齢、結婚、家庭事情などによって、勤務状態が変わるということにも原因があるようです。アンケート調査の対象となったこの母親たちも、次の点を理由としてあげています。

一　産休の期間が長い
二　家事のシワヨセが教育に及ぶ
三　感情的（ヒステリー、エコヒイキ）になりやすい
四　視野が狭く画一的である
五　実力がないので子どもの学力が落ちる

女教師について、女教師自身、男性教師、管理職などそれぞれを対象に行った調査がありますが、その結果は一致しています。

それは、「細かなところに気がつき、誠実性に富み情緒が豊か」な反面、「大局的見方が不得手で、何事も消極的になりやすく、感情に走りやすいし、創造性や企画性に乏しい」というのです。

女教師は、今後、これらの点について率直に反省し、同性である母親たちの声にも耳を傾け、

自粛自戒し、理解と協力を求めるよう努力する必要があります。

現在、日本では、男女同権を実現するためには、男女差のある法律や制度を撤廃しなければならないといわれています。

しかし、真の男女同権は、たとえ、外的条件が平等になっても、肝心の女性自身の自覚がなければ実現できません。

この意味からも、名実共に男女同権が確保されている職場にある女教師の意識と行動は、今後の日本女性の真価を占う試金石です。その責任は重いのです。

五　期待される教師像

日本の小学校は、寺子屋の継承とみられますが、寺子屋は小学校と違って、土地の信望ある人物が自ら、あるいは親たちから依頼され、奉仕的精神で師匠となり、そこへ寺子が集まりましたから師匠の評価は高く、それに儒教的な上下の道徳が支配していた時代でもありましたから師の権威は絶大でした。

寺子たちは、教科書である『童子教』で徹底的に「弟子七尺去って師の影をふむべからず」と教えられました。

これが、小学校になると、やがて「三尺下がって師の影をふまず」と四尺接近しましたが、今日では、三尺どころか、師の前へ出て師を殴る生徒さえあります。

師に対する考えは、昔とは随分違ったものですが、それでは、今の子どもは、どういう先生を「いい先生」と考えているのでしょうか。

『子供白書』その他の調査によりますと、全体の傾向は、ここ数十年間は、それほど変わっていません。

教師に最も影響を受けやすい小学生では、「教え方が上手でわかりやすい先生」「親切な先生」「公平な先生」「ユーモアのある先生」がいい先生で、これが、中学上級生や高校生になると、「よくできる」「頼りになる」がトップになり、「親切」と「公平」の順が逆になります。

逆に「嫌な先生」はその反対で、「教え方が下手でわかりにくい」「意地の悪い」「おこりっぽい」「えこひいき」(小学、中学下級)、「できない」「ハッキリ質問に答えられない」(中学上級、高校)、という結果です。

調査で興味深いのは、「叱らない」先生を必ずしもよく評価していないことです。

親切で生徒思いであっても、学力が弱かったり、毅然としていなかったり、気の弱い先生は好かれるが尊敬されません。

要するに、学力識見があり、しっかりしていて頼りがいがあり、しかも、親切で生徒思いで好き嫌いがない公平な先生が、生徒側から見た平均的な「望ましい先生」です。

読売新聞が、五三年に「理想の教師」について、広く読者から募集したところ、応募（六二四通）の親、教師、生徒のいずれからも上位にあげられたのは、

一　生徒を公平に扱う（偏見、先入観を持たない、表面だけで判断しない）

二　優しさと厳しさ（ケジメがある）

三　ともに喜び泣いてくれる（自らドロにまみれる）

でした。

五七年に神奈川県立高教祖が、県立高校の父母を対象に実施したアンケート調査では「望ましい教師像」の最上位（五九%）は、「厳しくけじめをつける」です。

また、五六年に、父親討論会（神奈川県民会議）は、「教師に対する要望」として、次の点を

あげています。

一　勉強だけでなく人生のことなども教え、生徒に身体ごとぶつかってほしい。
二　昔に比べ父兄に気を使いすぎる。誇りをもってやってほしい。
三　サラリーマン化してほしくない。

この親たちの要望は、現在の教師の欠点を指摘したものといえましょう。

六　使命感を持った教育愛

教師は、いかに学識高く経験豊かであっても、また、才能に恵まれていても、子どもに対して使命感に基づく愛情を持たなければ、教師としての基本的な重要な資格を欠いています。

これが、他の職業であれば、その仕事に使命感や愛情を抱かなくても、それほどの弊害は生じないかもしれませんが、教師は相手が人間であるだけにその影響するところは大きいのです。

戦後、日本では、一般に子どもを自由に甘やかして、それを子どもを尊重する愛情と錯覚している向きもないではありません。

教師も、物わかりよく優しすぎて、子どもの機嫌をとる傾向が強くなりました。しかし、ただ子どものいいなりでは、教師としての使命感を持たない単なる舐犢《しとく》の愛にすぎません。

総理府が国際児童年（昭和五四年）に、六ヵ国の児童（一〇～一五歳それぞれ一五〇〇人前後）を対象に個別に面接調査した結果によると、日本の子どもは、他国の子どもに比べ、教師や親に対する尊敬の念が少なく、親に理屈をいう度合が非常に高いのです。

「先生や親のいうことに従わなければならない」とする子どもは、米、英、韓国では七割前後もあるのに、日本では四、五割です。また、「親のいいつけに理屈を並べて自己主張を通す」子が、アメリカ二七・三％、イギリス三四・三％、韓国一〇・二％なのに対し、日本は六二・一％と群を抜いて高いのです。

もちろん、近頃問題になっている規則ずくめの管理統制は、人間不信で非教育的ですが、したい放題の放任は、人間過信です。

必要な時に毅然とした態度をとるのでなければ、教育の放棄であり、教師失格ともなりかねません。

世界的な教育者といわれるペスタロッチの生涯を貫いたものは教育愛であったことは、よく知られていますが、彼は、当時のスイスの貧しい人たちが、恵みを受けるのを当然と考えていたのを憂え、子どもたちに恵みを与えるよりも、依頼心をなくして自分の力で貧しさを克服する自立的精神の養成に努めたのでした。

これが、動物的な盲目愛ではない、使命感を持って真に子どもを愛する教育愛なのです。

多摩動物園で一五年間チンパンジーの飼育係をした人の経験談は、現代教育に示唆を与えるものとして興味深いものです。

「チンパンジーは、小さい時からの教育が大切である。バイバイ、拍手、自転車乗りなどの訓練をするとき、ヨシッと心から褒め、ダメッと厳しく叱らなければならない。こちらに真剣さと思いやりがあれば、強く叩いても軽く叩いてもどちらでもいい」

何をしても叱らない教師は、生徒に親しまれるかもしれませんが、必ずしも尊敬され信頼されるとは限りません。

七　努力する教師を尊敬する子どもたち

論語に「威ありて猛《たけ》からず」という語がありますが、教師には、昔のような権力は必要ありませんが、使命感に裏付けされた権威がなければなりません。教師に、子どもから尊敬や信頼を受けるだけの権威がなければ、子どもに影響を与えることができないから教育効果は期待できません。

従って、教師は、自らの権威を保持するために、常に専門的な研修を怠らず、同時に広く人格識見の向上を図るように努力しなければなりません。

もとより、教師は、すべてが聖人君子ではなく、多くが不完全な人間です。

しかし、それを自覚して悩み、苦しみ、努力する態度があれば、生徒はその人間性に共鳴し、感銘し尊敬するものです。

むしろ、神のような完全無欠な人間では、かえって親しみを感ぜず信頼の気持ちも湧かないでしょう。

平凡な教師が、完全でありたいと願望して努力する態度に子どもたちは、人間的な信頼と尊敬の念を寄せ、それが教師の権威となるのです。

この場合、とかく、宗教家や教育者にありがちな外面を整える偽善的態度になりがちですが、これが度を超すと形式的になり、人間味がなくなって逆効果になることもあるから注意を要します。

いずれにしても、教師も同じ労働者だと教師の特殊性を否定して、教師の自覚を失い、自らの権威を失墜するようなことがあってはなりません。

特に、教育の相手が小さければ小さいほど、教師の日常の行動が大きな影響を与えるものですから、たとえ、プライベートな生活においても公的な生活と同じく無責任な行動をとることは慎まなければなりません。

近ごろ、化粧や服装など、あまりにひどいのを注意すると、「教師の服装に規則があるのか。そこまで管理する必要があるのか」と食ってかかる若い女教師もいるといいます。

M・トケイヤーはいいます。

「ユダヤには、昔から〝もし教師が汚ない服で教室に現れるようなら、この教師は、もはや、教師ではない〟ということわざがある。教師は、一つの模範的な人物である必要があるから、無責任な行為をする教師は、ユダヤ人の目には教師として映らない。まして、日本のように、大通りを教師たちがデモで練り歩くというようなことは、ユダヤの教育制度においては、まったく認めることができない行動である」（『日本人は死んだ』）

シェクスピアの『ハムレット』の中にも、

「服装は、財布の許す限り立派に整えるがよい。ただし、あまり奇抜なのはいけない。立派でしかも、ケバケバしくないように。衣装というものは、しばしば着る人の人柄を表すものだ」

というセリフがあります。

この際、日本の教師たちは、さきの総理府の子ども対象の調査で、「担任の先生が好き」というのが、アメリカ八八・一%、韓国七八・七%なのに、日本は、六五・四%であり、「担任の先生を尊敬する」が、日本五八・三%で、最低であったことに注目し、反省の資料とする必要があるでしょう。

八　必要不可欠な教師の研修

昔から「教学相半ばす」(書経)といいます。

人を照らそうとすれば、自らが光らなければなりません。学びつつある教師のみが人の子を教える資格を持つのです。

ところが、教師は、若いうちから先生と呼ばれ、ベテラン教師と同等に生徒を教え、担任を務め、教室では王様ですから、いつの間にか世間知らずの独善的な偏狭な人格になりやすいのです。

他の職業だといろいろ先輩や上司の批判や指導を受けなければやっていけませんし、自分の欠点も分かりますから反省もしますし努力もしますが、教師にはその機会が少ないのです。

従って、教師は、お山の大将にならぬよう自戒し、職場内はもちろん外部に対しても謙虚な態度で臨み、常に積極的に自己の研修に心掛けることが肝要です。

教師の研修については、その職務と責任の特殊性に基づき、法律でも一般公務員と別個に規定されています。すなわち、研修の目的性格について、一般公務員の場合には、「その勤務能率の発揮および増進」(地方公務員法第三九条)のための手段として考えられていますが、教師の場合は「その職責を遂行するために、絶えず研究と修養に努めなければならない」(教育公務員特例法第一九条)と、研修を不可欠なものとして義務づけているのです。

六二年、文部省は、臨教審の第二次答申に基づき、初任者教員研修を実施しましたが、それに対して日教組は強く反対しています。

その理由はともかく、「教師の研修」は教師自身のものです。それを強制される義務ととらえ、個々の教師の自発的な意欲を喪失させるようなことがあってはなりません。

社団法人「日本教育会」が、全国の校長よりのアンケート調査結果を発表（五一年六月二九日）していますが、それによれば、最近の教師の欠点として、児童生徒の正しい評価ができないとともに、自己研修の熱意や努力が不足していて教育観も偏っている点があげられています。

つまり、サラリーマン化し、専門職としての力量が落ちているということです。

川上源太郎教授は「教える者と教えられる者、導く者と導かれる者の間には、ともに仰ぎ見るものが必要だ。そこに教育は成立する」といっています。

その場合、ともに仰ぎ見るものは、教師が指し示さなければなりませんが、そのためには教師の不断の精進研修を必要とします。

教師が独善に安住し、研修をゆるがせにするならば、やがて、社会一般の信用を失い、自らの権威を失墜するに至るでしょう。

九　忘れえぬ恩師のおもかげ

教師の中には、卒業してすぐ忘れられる先生もいれば、何一〇年経っても忘れ得ぬ先生もあります。それは、大抵平素は春風のようだが、時には、秋霜《しゅうそう》の厳しさを持つ先生です。要するに教師としての使命感に燃え教育愛に満ちた権威ある先生です。

自らを省みずに、社会や制度に罪を転嫁して生徒を甘やかし、父兄におもねる先生などは、その時はよくても卒業すればケロリと忘れられてしまうのです。

さきの読売新聞の調査では、最近の先生は

教育に情熱がない　　三六・七％

組合活動に熱心　　三一・三％

が一、二位を占め、教育熱心（二一・八％）を上回っています。

また、朝日新聞の全国世論調査（五二年二月）で「いまの先生に抱くイメージ」は、「熱心にやっている」「生徒にとけこんでいる」などのプラスのイメージを持つ人は一七％にすぎず、逆に「サラリーマン的」「質が下がった」「子どもに甘すぎる」などのマイナスのイメージは五〇％に達します。

戦後の急激な社会事情の変化によって教育の状況も、昔とは相当変化してきましたから、現在の教師だけを責めるわけにはいきませんが、昔の方が、先生らしい先生や尊敬する先生がいたという声は一般に多いのです。

いずれも故人となられましたが、かつて清水幾太郎氏が、「題名のない音楽会」の司会者黛敏郎氏を「才能がキラキラ光るのが素晴らしい」と評されていました。その黛敏郎氏は、かつて五〇年程前、横浜一中で万葉の権威犬養孝氏（昭和六二年文化功労者）に国語を習ったことがあります。

氏は折にふれ、恩師の犬養先生をこう語っていました。

「先生の授業には、必ず、三種類以上の辞書をひいてノートしていかなければならなかった。怠けると廊下に立たせ教室へ入れてくれなかった。そのお陰で辞書をひくことが億劫《おっくう》でなくなり、疑問があるとすぐ辞書をひく習慣が身についた。今でも、電話帳を見ることは誰にも負けない自信がある」

また、五八年に西沢潤一博士が、電子工学で文化功労者となられた時、テレビのインタビューで最初に述べられた受賞の感想は次の言葉でした。

「小学校や中学校の時の先生に喜んでもらえるのが何よりうれしい」

第Ⅲ部　座談会「石井透と教育を考える」

日　時　一九九三年一一月一日（月）
　　　　午後一時三〇分～午後四時三〇分
　　　　一九九三年一二月一五日（水）
　　　　午後二時〇分～午後四時三〇分
場　所　（財）神奈川県高等学校教育会館第一会議室
聞き手　永田裕之・中野渡強志・杉山　宏

杉山　この高等教育会館の教育文化事業推進委員会で、終戦の頃教育現場、あるいは教育行政に携わっておられた方々から直接いろいろなことをお聞きして記録しておこうという話が、ここ二、三年前から出ていたのですが、いよいよ九三年度から実施しようということになりました。

それで、先日、先生にお電話したわけですが、その折に、先生から県教育センターからも同じような話があると伺いました。

お聞きしたいと思うことは、誰が考えてもそう変わるものでないと思うのですが、ただ柱は同じでも聞き方が違えばまた話が違った形になるのではないかと思います。

実は、戦前のこともお聞きしたかったのですが、教員養成の全寮制師範学校教育、しかも先生は、鎌倉女子大で教員養成に直接タッチされましたから、ご自分が師範生だった時から教えられるまでの実質六〇年以上になりますか、そういう教員養成教育の流れも踏まえて、師範教育について、いろいろお話を伺いたいと考えております。またもう一つは、青年学校のことなども、戦時中の大きな教育の一つとしてお伺したいと考えております。もっとも、師範学校制度も青年学校制度も戦後まで入って来ますので、特に、青年学校は六・三制のところで多少出てくるかも知れませんが…。

とにかく、この二つは、いずれ機会があったらお伺いすることにして、今回は、戦後のあたりからお願したいと思います。

占領下の教育改革

杉山　それでは、終戦直後、昭和二〇年一〇月から一二月にかけて出された四大指令前後の話から始めていただきたいのですが…。

石井　昭和二〇年、第二次世界大戦で降伏した日本は、連合国軍の占領下におかれ、アメリカ軍の政策に基づいて全面的大改革が行われました。

日本歴史始まって以来、初めての異民族支配による改革によって、従来の日本は、根底から覆されたわけですが、その占領政策の基本は、アメリカの資料にも残っていますように、日本を再びアメリカの脅威にならないように軍国主義、超国家主義を廃止し、個人を中心とする、アメリカ的民主主義国家に改変することでありました。

文部省は、九月一五日に新日本建設教育方針を発表、一〇月五日には、戦時教育令を廃止しましたが、GHQ（連合国軍総司令部）は一〇月二二日に教育に関して、「日本教育制度の管理政策に関する指令」を出し、それを補足するものとして「教員及び教育関係官の調査除外及び認可に関する指令」「国家神道、神社神道に関する指令」「修身、日本歴史及び地理停止の指令」を次々に出しました。この四つを四大指令といいますが、戦後の日本の教育改革はすべてこの指令に基づいて行われたのです。

杉山　それから、二一年三月に、アメリカ教育使節団が来日しましたね。それに対する日本側の協力委員会が二月に発足し、それが後に教育刷新委員会になると思うんですが、その委員会から二二年一月に六・三制二二年実施建議が出され、二月に閣議決定し、四月から六、三制実施となるのですが、時間的に無理があって、実際は五月に発足したようで、新制中学のほとんどは、五月五日が創立記念日になっていると思うんですが。

石井　たしかに、あわただしかったですね。お話のように、二一年三月に、アメリカから教育使節団が来日、五月には憲法制定、翌二二年三月に教育基本法、学校教育法が制定され、四月から六・三制がスタートし、翌二三年には新制高校が、そして教育委員会法が七月に制定される。このように二二年から二三年にかけて、わずか二年の間に矢つぎ早やに教育の法律が制定され、GHQの意図する教育の法的整備は一応整ったのです。

軍国主義、国家主義教育の廃止

杉山　その間、実際に、教育はどのように行われていたのでしょうか。

石井　実際の教育改革は、占領開始以前から行われていたんですね。文部省は連合軍進駐開始の八月二八日以前の八月二四日に、学校教練、戦時体錬、防空関係の訓令を禁止し、一〇月三日には銃剣道、教練を廃止しています。また、教科書中、不適当な個所全部または一部を墨で抹消して使用させました。いわゆる墨塗り教科書ですね。これもGHQからの指令が発せられる以前の九月です。

四大指令発令の後は、それに基づいてすべてが行われ、法律制定後も、占領期間中は引続きGHQの監督下にありました。もっとも、占領初期の強圧的態度から次第に指導助言的な傾向に変わってはきましたがね。

杉山　占領当初は大変だったようですね。

石井　地方軍政部では、担当地区の教育がGHQの指令に基づいて行われているか、すなわち戦時中の教材教具、教練用武器、剣道、弓道用具などが処分されているか、廃止教科書が回収されているか、教科書の内容が指示通り削除されているか、そして軍国調の教育が行われていないかなどを調査したので、県も学校も摘発されないように、その対応に忙殺されました。

授業の際の起立、礼、着席などの号令や、登下校の道での生徒たちの教師に対する軍隊式挙手の敬礼などの廃止を励行し、ある学校では、屋外朝礼の際、生徒と約束して、壇上で先生が手を挙げたら集まる、振ったら教室へ入るなど、号令をかけないパントマイムで行ったところもありました。

昭和二一年一二月の文部省通達に基づき、県から「秩序行進、徒手体操について」の通牒が出ていますが、それには、「集団への号令は最小限にして軍事色なく愉快な気持ちを与えるようにやればいい。行進は『一―二』『左―右』と唱えるのは適当でない。合同体操は画一性にとらわれず、個人差を無視しないように」と、あります。合同体操で個人差を無視しないようにできるのか。今考えれば、漫画的ですが、当時、山形県で、道路を整列歩行中の児童に対し、軍国調であると軍政部から中止を命じられた例もありましたから、皆が神経を使いました。
軍政部は、県や学校には、予告なしに突然学校を訪問するのが常でしたから、学校はそれに備え、銃を地下に埋めたり、教科書を教壇の下に隠したり大変でした。それでも、横浜の三ッ沢小学校の天井裏から竹刀が一本発見されたり、吉田中学校では、廃品回収で家庭から不用の本や新聞紙を集めた束の中から修身教科書一冊を発見したりしました。また、軍政部はグランドで遊んでいる生徒に暴力を振う先生がいないかと聞き、いるというとその名前を控える。そして、関係者を処分せよと県に要求したわけです。

神道指令違反の内幕

杉山　神道指令違反についても、いろいろ問題があったようですね。

石井　四大指令の一つ神道指令は、国家神道、神社神道を弘布したり援助してはいけないということです。

これは、天皇を神とする日本の国家主義思想の根底に神道があると思ったんですね。これについて、六会中学校で神社の神楽堂を使用して校長出席の父兄懇談会を開催したことが問題になりました。その地区では、神楽堂を一般の集会所として使用する習慣があったのです。それから、湯河原で、神社の相撲場で行われた親善相撲大会に、中学生が出場したことも問題になりました。学校が、神楽堂を使ったり、神社の相撲大会に生徒を参加させるのは、神社神道を援助することで指令違反だというんですね。軍政部からの申入れで結局、両校長は処分されました。

これらの事件のうちで最大のものは、いわゆる大山事件で、五名が起訴され、そのうち教職関係者四名が教職不適格の判定をうけるという大事件がありました。

これは、大山阿夫利神社を会場として、大山文化振興会（目黒宮司会長）が中郡教育会の協賛で地区の児童生徒の書道、図画の展覧会を開催し、その賞状授与式に郡の原田課長、県の佐田視学官等が来賓として出席したのが問題になったのです。軍政部は、これを神道指令違反として、教職不適格にせよと県に申入れただけでなく、刑事事件として起訴するように、横浜地検に対しても強硬に申入れたわけです。

困却した検事が僕のところに事情を聞きにこられた時、「関係者を教職不適格にせよと迫られて困っている」と伝えると、検事も「こんな事件は日本の法律では起訴できないのに、彼らは日本の事情も知らず無茶をいう。敗戦国とは悲惨なものだ」と嘆いていました。結局「連合軍に非協力で、進駐目的に有害な行為をした」という理由で五名が起訴され、三名が高裁で有罪になりましたが、最高裁審理中に講和条約が成立してこの一件はおしまいになりましたがね。

そんなことがあって、学校では神社は危ない、触らぬ神にたたりなしということで、修学旅行では神社を背景に写真を撮らない、鎌倉の横浜国大へ行く時なども鳥居をくぐらないように回り道をするとか、非常に気を遣ったものです。極端なのは「はとぽっぽ」の歌を歌わせていけないのではと心配しました。その歌の文句に「お寺の屋根まで飛んで来い」とお寺が出てくるからというのです。(笑)

しかし、アメリカ軍は、仏教やお寺には無関心で、問題は宗教でなく神道、神社だったのです。それにしても、日本の宗教はアメリカと違って長い歴史や文化に根ざしていて、日常行事や生活様式というより習俗的世俗的な行事として行われています。だから、これらの関係者には、宗教行事を行うという意識はなく、ましてや宗教を援助するなどまったく考えてもいなかった。日本の実態を知らない軍政部から指令違反と摘発されて初めて愕然としたわけです。投書した本人もそれほどの大事件になろうとは思わなかったのではないでしょうか。

民主主義教育の実態

杉山　軍国主義、超国家主義教育の廃止とともに、民主主義教育はどのように行われたのでしょうか。

石井　民主主義教育については、文部省で中央またはブロックごとに指導者を集め、アメリカの専門家や日本の大学教授などが講師となって講習会を開き、各県でその伝達講習が行われました。

しかし、歴史的にも民族性からも、日本では個人主義思想が発達していなかったし、特に戦時中は、皇国史観的教育を受けていましたから、民主主義そのものがよく理解できなかった。先生も生徒も平等だといわれてもなんのことだか分からない。当時、教壇をなくして、先生が生徒と同じ高さにするのが民主主義だといわれて、わけも分からずその通りにした学校もかなりありました。

一部の評論家の「舞台を高くするのは、観客より俳優が偉いのでなく、俳優をよく見えるようにするためだ。背の低い先生が教壇をなくしたら、顔も見えなくなり、話も聞こえなくなる。それは形式的平等で真の平等ではない」という批判もありましたが、その声は大きくなりませんでした。

大体アメリカの教育使節団は「子どもは太陽であり、教育は、子ども中心に行われなければならない」とするデューイの教育思想信奉者が多かったといいますから、生徒至上主義の指導が過剰であったのかもしれません。

とにかく、先生は生徒の前に立って一方的に授業してはいけない。生徒にディスカッションさせるべきだと強くいわれました。ある学校に軍政部が視察に行った時、たまたま一人の先生が欠勤し、そのクラスの生徒が、ガヤガヤやっていたので、校長が困っていたら、係官が、「一つのクラスの生徒がよくディスカッションしていた」と褒めたので、「今度は皆自習にしようか」と後で笑ったという話もありました。(笑)

歴史、地理を廃止し、社会科が生まれましたが、これは元東大学長林健太郎氏が批判するように学問ではなく、実生活に役立つ教科でした。

子どもたちが実際に調べることが大切だというので、小学校でも中学校でも、町を回って電柱が何本ある、ポストが幾つあるなど調べたり、役場へ行って人口、職業など聞き回る。また、会社を訪問し、何を造っているか、従業員は何人かなど、四年生も六年生も中学生も、入れ替わり立ち替わりおしかけるので、訪問先では音をあげ、「そういう資料は学校へ届けるから、あまり仕事の邪魔をしないでほしい」といったら、学校は「これが新しい民主主義の教育だから我慢して貰いたい」という、そんな状態でした。

当時コア・カリキュラム（問題解決学習、単元学習）は、生徒自らが問題解決にあたるので批判力、思考力、創造力が育つとして、新教育の旗手として脚光を浴び、盛んに行われました。しかし、その後、基礎的基本的なものが疎《おろそ》かになり学力低下を招くという批判が起こり、世相の変化とともに、やがて系統的学習に戻りました。

杉山　その他にどんな問題がありましたか。

石井　先ず、新教育で戸惑ったのは、新しい英語の教育用語でした。敵性語として禁止されていた英語が一挙に入ってきて、それも、ほとんど日本にない概念なので、翻訳できない教育用語には皆面食らったわけです。

例えば、カウンセリング、エバレイション、ホームプロジェクト、パネルディスカッション、シンポジューム、アチーブメントテストとか。今神奈川県でやっているアチーブメントテストは、その当時の本来の目的や性格とは違っています。とにかく言葉で説明されても内容の分からないことが多かったのです。

それで、それぞれの解説書や翻訳書も出ましたが、その中で「ガイダンス」の本は学校の図書館で体育に分類されていたところが多かったようです。表題がダンスでしたから(笑)。横浜でガイダンスの講習会に、ダンスだからと女の先生を参加させ運動着を持って行った先生が、会場で迷ったという話は横浜以外にも実際に各地でありました(笑)。

それから、「ワークショップ」について傑作な話がありました。ワークショップは、最初は、作業所とか職場、また機械などと訳されていて、「研究集会」の訳語が定着したのは、ずっと後になってからです。最近は他の教育用語と同じように原語のままワークショップといっていますがね。

ある市議会で予算案にワークショップとあったのを、議員からワークショップとは何かと質問された教育長が「新教育をするため必要な機械だ」と答え、さらに「どんな機械か」と聞かれて、「日本にはまだ少ないので見たことがないが、必要なものだ」といったら「できるだけ早く購入して使ってほしい」と認められたという話がありました(笑)。

民主主義教育導入にはこのようにいろいろのことがありました。そんな時代がかなり続いて、そのうちに法的にも制度化されて新教育が次第に定着していったのですね。

永田　私は、昭和二八年に鎌倉の小学校に入学しましたが、むしろ今より元の時代へ戻っていたように思います。「日の丸」は覚えていませんが「君が代」を歌っていましたし、今おっしゃった「一－二、一－二」の行進もしていました。

石井　たしかにその頃は、卒業式でも「日の丸」を掲げ、「君が代」も「仰げば尊しわが師の恩」も歌っていましたね。それは、占領の反動だったと思う。占領下では、国の主権は認められず、国旗掲揚もその都度政府がＧＨＱの許可を得なければならなかったですからね。沖縄では今「日の丸」絶対反対を唱える声が大きいようですが、日本へ返還された時は、皆喜んで「日の丸」を掲揚したといいますからね。

当時、占領が解かれ、自由になって、抑圧されていたものを元へ戻したいという国民の意識が起きたのは当然だったと思います。号令はもちろん、柔剣道や地理、日本史の授業も復活しました。修身は、道徳、倫理に衣替えしましたが……。

ただ、民主主義教育が一応定着したとはいえ、消化不良のところ、不完全なところ、さらに国民性に合わないところなどあって、それが現在もいろいろ論議の絶えないところだと思います。

御真影と教育勅語の回収

杉山 昭和二〇年一〇月にGHQから指令が出る直前の九月に、前田多門文部大臣が、全国中等学校長の会議で「今後、教育勅語を中心にして新しい教育をしなければならない」と話したといわれています。それは占領軍の指令と大分ずれていると思いますが。

石井 軍国主義、超国家主義は、たしかに国を誤り、戦争に突入して敗れました。しかし、道徳や国民の考えは教育勅語に示されており、世界に通じるものと考えていたと思うのです。実際に教育勅語は徳目を並べているだけで、別に軍国主義や国家主義を目的としていませんから、この精神を重んじて、民主主義教育を進めようという考えが、文部省や閣議の方針だったようです。だから、ご真影は直ちに回収しましたが、教育勅語はそのままにしておいた。それが、

GHQの考えや、教育の拠り所であった教育勅語に代わる教育基本法が制定されて、次第に変わっていったと思います。

杉山 昭和二一年の一〇月に文部省が廃止をしていますが。

石井 勅語の神格化の取扱を禁止し、式日の奉読を停止しましたが、引続きそのまま保管せよということだったと思います。

杉山 翌二二年に教育勅語が回収され、先生はその衝《しょう》に当たられたようですね。

石井 それは二三年だったのではないでしょうか。たしか夏だったと思います。二三年六月に、衆参両院において「戦後の日本教育は、教育基本法に則り教育の革新振興をはかるべきで、勅語を国民道徳の指導原理としてはならない」としてそれぞれ教育勅語等の「排除」および「失効確認」の決議をし、政府に謄本の回収を求めていますから、二三年の七月頃だったかもしれませんね。

横浜の本町小学校へ勅語を全部集め、即日県の自動車で文部省へ届けたことを記憶しています。文部省では、係官が照合も確認もせず簡単に受け取りました。

杉山　御真影は神経質になったが、教育勅語はそういう形だったんですね。

石井　そうです。御真影は二一年二月に回収し、奉安殿は、二一年一月に、国家神道禁止指令に基づき、奉安殿の御紋章、内部神棚様式や周囲の玉垣、その他神道的象徴は一切撤去、七月には、神社様式の有無を問わず、奉安殿は夏休中に撤去完了の指示をしています。

宗教教育と私立学校の問題点

杉山　国家神道、神社神道を教育で禁止したのは公立学校であって、私立学校でキリスト教の宗教教育を行うことは認められたのですか。

石井　そうです。神道禁止は、宗教教育というより神道を弘布支援してはいけないということで、日本では公立学校は宗教教育をしていませんからね。私立学校ではミッション系もあり宗教教育をしている学校はありましたが、アメリカ軍は私立学校はノータッチでした。たとえ、神道学校があったとしてもノータッチだったでしょう。

杉山　私立学校に対する公の補助と宗教教育の関係についてお伺いしたいのですが。

石井　私立学校に対する考え方は、日本とアメリカではまったく異なり、制度も取扱いも違っています。アメリカでは、私立学校では、あくまで独自の経営をし、公は、ノーサポート、ノーコントロルです。援助もしないし、監督もしないということになっています。公的補助という考えはないのです。占領時代でも、アメリカの宗教団体からの補助や、個人の寄付はあっても、本国から公の補助はなかった。宗教教育や宗教の種類などとは関係ありません。

ところが、日本では、私立学校は公立学校と同じように考え、取り扱ってきました。補助金も当然支出できると思っていたのです。しかし、新憲法の第八九条によって、宗教団体や公の支配に属しない教育事業に対する公金の支出を禁じられた。そこで、文部省は、補助金を支出できるようにと考え、私立学校を公の支配に属する、すなわち監督できるように私立学校法を作成したのですが、公的補助を考えないGHQの方針によって私学の自主性を全面に出さざるを得なくなり、一般の財団法人よりも監督権のない現行の法律に訂正されてしまったわけです。

だから、今でも憲法学者の多くは、私立学校に対する補助は、憲法違反の疑いがあるといっています。しかし、実際には、多額の補助金が支出され、共産党はじめ各政党も反対しませんし、違憲であると裁判で争われた事例もありません。

ところが、他方の宗教に対しては非常に厳しい。昭和天皇の大喪の時に憲法との関係が論じられましたし、地鎮祭や忠魂碑建設に市長や町長が出席したり、補助金を支出したりすると憲法違反だという。私立学校助成に何もいわないのは、憲法が実情に合わないからだと思いますが、それなら地鎮祭や玉ぐし料などもあまり目くじらを立てることもないと思うのですが……。

極端なのは、ある市が前市長の葬儀に香典を出したところ、お寺で行われたから憲法違反だと議会で問題にされたといいます。しかし、葬儀を家で行っても、僧侶が読経したら駄目なのか。神社の神楽堂で父兄会をするのが神道禁止指令違反だというのと同じように、いずれの場合も、宗教というより習俗というべきだと思うのですが…。いずれにせよ、憲法制定に当たって、宗教や私立学校に対するアメリカと日本の認識の相違から実情に合わない結果が生じたのだと思います。

四大指令違反をめぐって

杉山　四大指令を必ず学校に掲示せよという指令が出されたそうですが、当時、横浜一中の金子校長が、その指示に従わなかったというので、退職させられましたね。その辺の事情をお聞かせ下さい。

石井　神奈川軍政部から、占領下の教育方針はすべてGHQの指令に示されているのに、色々な違反事件が起きるのは徹底していないからだ。四大指令を先生も生徒も一般父兄も見える場所に掲示して周知徹底させよといわれました。そうはいっても実情は、四大指令は、生徒、父兄はもちろん先生方にとっても直接関係はないし、それより、食糧事情が悪く、授業どころか、毎日、その調達のための買出しなどに忙しく、それどころではなかったのです。

ところで、横浜一中は、戦災で海軍の寮を使用していましたが、玄関に張った指令が、風で飛んでしまったらしいのです。視察に来た軍政官から注意をうけた校長は、教頭に張るように指示し、全国の戦災学校会議出席のため仙台へ出張しました。教頭がそのうちに、と思っていたら軍政官が確認に来てしまった。それに運悪く、英語の授業にリーダーにあった武士道の教材を取扱っていたのを発見されてしまったのです。

激怒した軍政部は、校長を連合軍の命令違反として軍法会議にかけ、沖縄へ送り重労働させると県へ通告してきました。しかし、後で考えてみると、どうも有名校の校長は狙われていたらしい。日本を戦争に導き、日本を悪くしたのは、軍人であり、それと結託した官僚である。それに協力して、陸海軍養成の陸軍士官学校、海軍兵学校や、東大など官僚養成大学に繋がる一高などへ大量に生徒を進学させた学校の校長は、その責任を負わねばならないというのが、占領軍共通の考えでした。

そこで、有名校周辺を嗅ぎ回り校長追放の資料を探し求めたふしがあります。後に湘南中学校、川崎中学校の校長も軍政部から摘発されましたが、女学校の校長や小学校長などは、内部告発でもない限り彼らは、あまり問題にしなかったのです。

杉山　結局、湘南の赤木校長、川崎の鯨井校長もやめることになったのですね。

石井　金子校長は、再び教職につかないという条件で退職になりましたが、他の二人は教職不適格者と判定されて追放になりました。

杉山 連合軍は間接統治の建前で、四大指令も日本政府に対する覚書でしたね。それを日本政府は、日本の法令としてではなく、占領軍の指令として流したのですか。

石井 いや、GHQは、日本政府に、こういうことをしろと指令を出し、日本政府は、それに対応して、GHQと打ち合せながら、必要な日本の法律を作って実施したのです。

杉山 すると教育についての指令は、文部省を通じて各県に行くという形ですか。

石井 そうです。間接統治ですから、地方軍政部はGHQの指令が政府を通じて来ているか、それを地方でその通り実施しているかを監視し、指導するわけですね。だから、地方軍政部は勝手には出来ないが、実際には、個々のケースで認識や取扱いの差はありました。

杉山 それは、各県に置かれた軍政部の担当者の考えや運用によってかなり違うわけですね。

石井　その通りです。個人の性格にもよりますが、一般的に、教員出身者は、教育的内容や方法に比重がおかれ、形式的な点をあまりやかましくいわない傾向がありました。神奈川県の最初の教育官は、禁止した剣道を見たいというので、湘南中学の生徒に家に保管させてあった剣道具を持参させ、実際にやって見せたら「フェンシングよりいいスポーツだ。どうして、こういうのを禁止したのか」と残念がっていましたが、後任者は学校の天井裏から竹刀一本を探し出し、指令違反だから校長を処分せよといってきました。

それに関連して、通訳にも問題がありました。二世が多かったのですが、彼らは、顔は日本人だが心はアメリカ人です。日本語で話しはしますが、アメリカで育つと、考え方はアメリカ的になるんですね。いくら説明してもこちらのいうことがよく理解できない。日本の立場や事情が先方に伝わらないこともあって、相互に誤解を生じた不幸な事件もあったと思います。

教職員適格審査について

杉山　それでは、適格審査に入りたいと思いますが、年表によると、二一年五月七日に文部省が委員会規程を公布していますね。

石井　先程話しましたように、これはGHQの指令で「職業軍人、軍国主義、超国家主義の鼓吹者や占領政策に対し反対する者を罷免し、自由主義、反軍的言論、行動のため解職された者を復活させる」ため、その実施委員会を作る規程です。その委員会は、審査対象により大学、高専、中等学校以下の学校種別や職種別などの五種類に分けられ、都道府県は、県下の中等学校以下の教員と視学官の職にある三級の地方事務官および市視学を対象にし、地方長官である知事が、教員代表七名、教育、産業、宗教等各界代表六名、計一三名の委員を選定して設置することになったのです。

熊本、三重など、県によっては軍政官が委員候補者を個別に面接したり、候補者の身元思想などを独自に調査してOKしたところもありましたが、神奈川では選出基準に合っていればいいと個人にはふれず原案を認めました。

審査基準と方法について

石井　そこで、審査の基準と方法についてですが、第一は講義著述論文等言論その他の行動が、侵略主義あるいは好戦的国家主義を鼓吹し、またその宣伝に積極的に協力したか否かを委員会の会議手続きによって審査し判定するいわゆる別表第一と、本人が戦時中に就いていた地位経歴によって不適格とするいわゆる別表第二とに分けられていました。第二は審査を経るまでもなく自動的に不適格としますから、審査の対象は専ら第一でした。

しかし、審査は本人が提出した調査表によって行いますが、それに著作や論文などがあれば別ですが、行動については、他からの情報でもなければ分かりません。それで、新聞に教職員に対する情報提供を求める広告を出した県もありました。

別表第二は、職業軍人、職業軍人でなくても一〇年以上本業として陸海軍に勤務した者、特別高等警察、思想検察等の官吏または、指定する特定の団体の役員など具体的に決められていましたから事務的に判定できました。

杉山　職業軍人は、年数の差があったんですか。

石井　最初は「すべての職業軍人」でしたが、後におおむね軍歴一〇年以内で軍歴の時期、期間、職種など実質的内容が軽微で非常に同情される特別な場合には、地方長官が文部大臣に免除の申請ができるようになりました。また「職業軍人ではないが、一〇年以上本業として陸海軍に勤務した者」についても同様でした。しかし、この特免の該当者はきわめて少なかったようです。

杉山　陸士や海兵を出ている者や卒業間際の人間はどうだったのでしょうか。

石井　陸士や海兵を卒業して軍務についた者は職業軍人ですが、終戦間際などの者については何か特別措置が講じられたように思いますが、細かいことは記憶していません。もちろん卒業間際に終戦となり、他の学校へ転入学した者は該当しませんでした。昭和一二年以降、東亜同文書院、建国大学、拓殖大学、東京農業大学の拓殖学科あるいは、神宮皇学館、国学院大学の神職養成学科を卒業した者は不適格でしたが、その後別の学校を卒業した者はいいということになっていました。

杉山　それから、学徒動員で強制的に海軍予備学生になった者などはどうなったのでしょうか。

石井　学徒出陣は昭和一八年だから、彼らは大体復学あるいは転学したと思います。

著者略歴

一九一一年　北海道に生れる
一九三三年　秋田県師範学校卒業　三八年　広島高等師範学校卒業　四六年　広島文理科大学卒業
一九三九年　神奈川県社会教育主事補　県視学官　教育委員会調査課長　総務部学事宗教課長歴任
一九五六年　神奈川県立高等学校長歴任（逗子、希望ヶ丘、横浜平沼、横浜翠嵐）　七二年定年退職
一九七三年　神奈川県教育委員会委員（七四―七六年　委員長）　七七年　任期満了退任
一九七三年　鎌倉女子大学および短期大学教授　八七年　退任
一九七一年　神奈川県知事および文部大臣表彰
一九八一年　勲四等旭日小綬章受章

主著　『教育五〇年』『教育を考える』『占領下の教育改革』『戦中戦後の教育事情』等

教育を考える

2002年9月15日　初版第1刷発行

著　者　石井 透
発行者　瓜谷 綱延
発行所　株式会社 文芸社
〒160-0022　東京都新宿区新宿1-10-1
電話　03-5369-3060（編集）
03-5369-2299（販売）
振替　00190-8-728265

印刷所　東洋経済印刷 株式会社

ISBN4-8355-4287-8 C0095